DISCLAIMER

The author and publisher are providing this book and its contents on an "as is" basis and make no representations or warranties of any kind with respect to this book or its contents. The author and publisher disclaim all such representations and warranties, including but not limited to warranties of merchantability. In addition, the author and publisher do not represent or warrant that the information accessible via this book is accurate, complete, or current.

Except as specifically stated in this book, neither the author nor publisher, nor any authors, contributors, or other representatives will be liable for damages arising out of or in connection with the use of this book. This is a comprehensive limitation of liability that applies to all damages of any kind, including (without limitation) compensatory; direct, indirect, or consequential damages; loss of data, income, or profit; loss of or damage to property; and claims of third parties.

BESTACTIVITYBOOKS.COM

FIRST EDITION - Published 2022

Extra Graphic Material From: www.freepik.com
Thanks to: Alekksall, Starline, Pch.vector, Rawpixel.com, Vectorpocket, Dgim-studio, Upklyak, Macrovector, Stockgiu, Pikisuperstar & Freepik.com Designers

This Book Comes With Free Bonus Puzzles

Available Here:

BestActivityBooks.com/WSBONUS20

5 TIPS TO START!

1) HOW TO SOLVE

The Puzzles are in a Classic Format:

- Words are hidden without breaks (no spaces, dashes, ...)
- Orientation: Forward & Backward, Up & Down or in Diagonal (can be in both directions)
- Words can overlap or cross each other

2) ACTIVE LEARNING

To encourage learning actively, a space is provided next to each word to write down the translation. The **DICTIONARY** allows you to verify and expand your knowledge. You can look up and write down each translation, find the words in the Puzzle then add them to your vocabulary!

3) TAG YOUR WORDS

Have you tried using a tag system? For example, you could mark the words which have been difficult to find with a cross, the ones you loved with a star, new words with a triangle, rare words with a diamond and so on...

4) ORGANIZE YOUR LEARNING

We also offer a convenient **NOTEBOOK** at the end of this edition. Whether on vacation, travelling or at home, you can easily organize your new knowledge without needing a second notebook!

5) FINISHED?

Go to the bonus section: **MONSTER CHALLENGE** to find a free game offered at the end of this edition!

Want more fun and learning activities? It's **Fast and Simple!**
An entire Game Book Collection just **one click away!**

Find your next challenge at:

BestActivityBooks.com/MyNextWordSearch

Ready, Set...Go

Ready, Set... Go!

Did you know there are around 7,000 different languages in the world? Words are precious.

We love languages and have been working hard to make the highest quality books for you. Our ingredients?

A selection of indispensable learning themes, three big slices of fun, then we add a spoonful of difficult words and a pinch of rare ones. We serve them up with care and a maximum of delight so you can solve the best word games and have fun learning!

Your feedback is essential. You can be an active participant in the success of this book by leaving us a review. Tell us what you liked most in this edition!

Here is a short link which will take you to your order page.

BestBooksActivity.com/Review50

Thanks for your help and enjoy the Game!

Linguas Classics Team

1 - Antiques

P	V	B	N	F	Q	M	B	U	A	D	O	J	P	G	H
H	P	M	L	U	K	U	S	I	F	T	H	L	D	H	Y
U	P	I	D	I	B	N	Q	R	U	U	J	P	A	U	T
I	O	D	M	L	Z	S	T	G	S	M	K	K	H	S	A
K	Y	A	U	T	A	A	T	A	T	M	R	M	A	N	V
T	K	Y	U	L	X	B	G	S	A	U	L	H	S	I	F
K	G	G	U	O	U	A	Y	K	S	Z	A	Y	A	C	K
K	A	G	W	A	N	J	O	I	R	A	J	E	F	K	W
A	W	R	A	Y	A	M	Q	Y	H	Y	A	S	O	P	S
O	T	I	N	I	K	O	S	A	T	S	R	X	N	A	F
A	A	W	I	I	K	I	A	N	A	Y	A	K	Z	H	L
G	A	L	L	E	R	Y	C	G	G	N	D	R	W	K	P
Y	L	M	W	R	Q	K	V	F	I	W	N	M	A	K	C
C	O	Z	C	Y	H	C	A	V	Z	C	W	N	O	F	A
S	F	Q	V	P	E	Y	B	E	I	R	Z	W	S	F	Q
U	H	Q	S	Q	A	J	C	Y	R	J	S	M	E	R	V

FASAHA
GWANJO
GASKIYA
KARNI
CINSU
ADO
KYAU
KAYAN AIKI
GALLERY
JARI
TSUFA
FARASHI
KYAUTA
MAYARWA
SALO
MUN SABA
DARAJA

2 - Food #1

S	S	A	D	A	Y	G	Z	U	J	O	M	K	K	T	T
A	U	S	P	Z	M	V	R	V	Q	T	O	I	Q	K	A
L	K	A	E	R	O	R	T	P	T	O	F	U	Y	I	F
A	A	B	X	A	I	G	M	J	Y	X	S	G	O	A	A
K	R	L	G	E	R	C	R	E	A	E	A	M	H	R	R
W	I	A	I	P	U	O	O	Y	A	W	U	T	P	B	N
P	Q	E	X	M	W	F	F	T	K	C	R	N	O	X	U
I	L	B	O	F	A	Y	Y	A	L	A	A	M	O	N	W
T	U	R	A	W	A	S	A	R	A	K	N	H	Y	S	A
K	I	R	F	A	Y	T	T	D	T	N	C	O	L	G	U
V	D	O	O	A	N	U	T	N	I	F	I	K	Q	L	U
G	I	S	H	I	R	I	G	M	U	E	H	B	V	K	S
R	T	J	K	V	I	X	K	M	F	M	Z	M	B	I	E
U	M	A	D	A	R	A	C	X	R	Y	E	E	H	C	L
T	S	H	A	I	R	A	I	C	P	T	I	L	M	L	Z
Z	F	W	H	Y	Y	A	J	X	J	X	B	V	Z	H	B

APRICOT
SHA'IR
KARAS
KIRFA
TAFARNUWA
RUWA
LEMUN TSAMI
MADARA
ALBASA
GYADA

PEAR
SALAK
GISHIRI
MIYA
ALAYYAFO
SAURANCI
SUKARI
TOFU
KIFIN TUNA
TURAWA

3 - Measurements

P	F	N	K	I	F	R	U	Z	M	I	N	T	I	K	E
F	R	M	A	R	G	R	I	L	I	F	S	K	R	I	N
T	S	A	Y	I	N	A	M	A	Z	A	N	N	S	L	U
T	Y	R	T	G	O	Z	A	Y	M	I	T	A	A	O	N
C	H	G	K	I	C	K	B	R	B	P	G	G	U	M	A
I	W	O	Z	D	M	B	Z	U	L	I	T	A	T	I	I
A	M	L	L	P	I	I	L	M	T	Z	P	K	I	T	F
X	H	I	G	W	K	V	T	F	L	A	D	Z	N	A	U
N	R	K	L	S	L	U	O	N	S	F	R	H	H	S	M
T	S	O	R	O	I	Z	S	H	A	I	G	O	I	W	N
P	D	W	J	J	J	M	Z	Q	M	S	N	K	Q	J	K
V	Q	F	U	S	V	W	Y	X	G	O	K	C	S	J	W
X	F	W	T	N	F	A	D	A	O	X	O	E	I	A	T
X	Y	D	Y	K	S	H	G	G	S	Z	V	H	T	H	H
E	U	W	B	Y	T	E	X	U	H	H	K	C	M	B	D
T	A	L	K	Y	K	A	O	J	T	B	C	G	G	W	I

BYTE
SANTIMITA
NA ZAMANI
DIGIRI
ZURFI
GRAM
TSAYI
INCI
KILOGRAM
KILOMITA
TSORO
LITA
TARO
MITA
MINTI
OZA
SAUTIN
MURYA
NUNA
FADA

4 - Farm #2

M	O	U	F	J	L	D	K	L	T	M	A	Q	O	N	O
X	A	X	C	L	L	A	R	O	A	R	A	Y	Y	W	D
U	I	N	W	M	I	B	K	A	R	Q	X	D	U	X	Y
K	Z	K	O	Q	D	B	P	Y	A	M	A	L	A	B	C
D	K	B	B	M	N	O	U	B	K	U	D	H	C	R	T
N	I	V	L	D	I	B	W	W	T	F	N	A	K	G	A
S	V	K	L	Z	W	I	E	M	A	V	N	R	J	L	C
K	H	K	Y	A	U	T	A	G	X	W	P	S	J	V	E
N	P	A	Y	I	K	N	U	T	N	A	D	H	T	I	A
B	K	K	I	M	A	S	A	R	A	B	R	E	U	K	B
J	D	H	F	R	C	Z	K	W	Q	C	A	N	M	E	I
R	U	W	A	E	A	S	O	I	X	M	H	W	A	G	N
J	V	I	D	L	T	W	H	O	K	S	C	U	K	P	C
U	Y	O	G	D	I	G	A	J	K	M	R	T	I	F	I
Z	I	G	E	L	J	A	F	W	T	E	O	A	G	H	A
V	Y	A	Y	A	P	U	R	X	E	F	X	M	B	L	O

DABBOBI
SHA'IR
YARA
MASARA
DUK
MANOMI
ABINCI
'YA'YA
RUWA
DAN TUNKIYA
HARSHEN WUTA
KYAUTA
MADARA
ORCHARD
TUMAKI
TARAKTA
ALAMA
WINDILL

5 - Books

R	G	K	K	Z	A	W	J	V	G	V	H	D	X	C	O
M	I	F	A	I	L	A	K	N	A	H	I	A	M	F	K
R	U	B	U	T	U	K	L	G	U	G	B	A	C	H	Y
K	A	D	U	W	A	A	J	E	R	I	U	L	T	Q	A
U	K	I	T	B	Q	K	X	S	T	L	T	M	W	B	U
Y	P	I	Y	A	P	B	K	R	N	E	A	A	F	L	T
Q	T	K	O	V	R	H	S	U	B	T	R	R	Z	A	A
P	X	K	D	G	V	I	Q	M	P	S	A	A	C	B	W
Z	R	Y	Y	V	R	S	H	K	E	Z	K	R	C	A	H
M	A	R	U	B	U	C	I	I	Y	Y	I	I	I	R	L
D	U	N	I	Y	A	Z	D	Q	A	D	A	B	I	I	C
G	S	Z	Y	M	D	A	C	E	W	A	M	I	P	J	L
W	X	Z	O	O	L	W	R	M	G	Q	H	J	Q	V	F
Q	Z	O	C	W	S	L	B	B	A	N	O	M	B	X	Z
O	U	G	J	P	Q	A	F	S	T	F	D	U	C	T	M
I	G	S	H	A	F	I	C	M	U	L	A	M	F	D	Y

KADUWA
MARUBUCI
TARI
DUNIYA
TAGWAYE
ALMARA
TARIHI
MAI HANKALI
KYAUTA
ADABI
SHAFI
WAKA
MAI KARATU
DACEWA
JERI
LABARI
MALUMCI
RUBUTU

6 - Meditation

Z	O	M	D	I	D	A	Ɗ	I	K	M	Y	L	Y	A	Q
K	A	I	M	W	A	L	E	G	L	A	U	Q	S	I	V
M	D	M	O	K	B	H	Y	U	F	H	T	O	S	Q	M
D	A	I	A	L	I	E	P	E	C	M	S	X	H	O	O
L	F	X	J	N	A	R	K	P	B	W	W	C	I	X	T
Ƙ	K	G	S	O	L	I	L	A	K	N	A	H	R	C	S
Y	Y	Q	R	L	B	A	B	Ƙ	I	C	S	V	U	Y	A
K	A	G	Q	F	D	Ƙ	F	N	R	F	Q	U	V	A	Z
C	B	R	Z	R	X	M	E	I	N	A	N	U	T	X	W
M	P	Z	D	Ƙ	B	A	H	U	Y	G	O	D	I	Y	A
K	W	R	O	A	B	D	X	Y	F	A	M	Y	C	Y	Y
E	Y	D	J	O	D	R	V	U	D	D	D	O	E	H	T
S	Q	A	T	N	A	W	K	C	S	V	E	C	R	L	L
O	W	X	U	P	W	I	V	D	G	E	B	S	T	C	D
J	Q	P	V	T	E	N	X	T	A	U	S	A	Y	I	O
E	K	B	R	M	A	B	T	X	K	P	W	M	Q	I	B

YARDA
FADA
KWANTA
KYAUTA
TAUSAYI
GODIYA
ALHERI
HANKALI
MOTSA
KIƊA
DABI'A
ZAMAN LAFIYA
SHIRU
TUNANI

7 - Days and Months

V	Y	O	G	O	A	R	A	K	E	H	S	S	F	L	C
F	H	U	A	K	F	T	I	V	M	P	P	L	Z	A	W
A	K	O	L	S	R	A	B	A	S	A	H	Q	K	H	E
B	H	M	A	I	I	Z	O	K	J	D	R	K	C	A	R
R	M	T	M	M	L	P	V	C	N	N	W	I	R	D	S
A	V	M	K	A	U	O	D	L	L	A	Z	E	S	I	J
I	T	T	H	H	Z	K	P	N	L	L	W	D	K	F	A
R	E	A	S	L	N	T	Z	F	A	A	O	S	D	U	N
U	B	N	L	A	T	O	U	K	R	K	W	A	T	A	A
N	N	F	I	A	H	B	C	U	A	Y	R	M	R	J	I
O	I	R	T	N	T	A	M	S	B	R	K	B	C	O	R
M	W	I	I	A	B	M	U	T	A	S	A	T	I	Y	U
B	U	M	N	A	G	U	S	T	A	K	H	Q	S	B	P
A	K	U	I	D	P	B	F	J	Y	K	K	U	Q	R	I
I	K	K	N	N	X	F	C	C	I	D	Z	Y	U	S	G
T	R	V	K	C	Q	N	J	U	M	A	A	D	B	A	V

AFRILU
AGUSTA
KALANDA
FABRAIRU
JUMA'A
JANAIRU
YULI
MARIS
LITININ
WATA
NOMBA
OKTOBA
ASABAR
SATUMBA
LAHADI
ALHAMIS
TALATA
LARABA
SATI
SHEKARA

8 - Energy

H	I	Z	K	X	F	J	H	F	K	H	E	X	Q	X	J
Q	S	R	K	G	G	B	I	E	F	S	R	U	G	L	G
A	X	L	L	E	S	E	D	T	M	C	A	G	I	H	S
J	X	I	I	X	K	X	R	U	O	Z	W	N	Y	D	M
G	U	R	B	A	T	A	O	R	T	S	U	I	A	F	Z
I	G	U	Z	Y	N	O	G	L	A	Y	R	J	R	A	K
T	I	R	U	R	U	T	E	K	K	X	U	N	Z	M	E
Q	L	S	Z	A	F	I	N	X	S	I	R	I	T	A	B
K	L	V	A	Z	K	C	E	K	I	D	U	L	D	J	P
H	A	A	Z	N	F	A	T	A	R	P	T	A	N	Z	F
X	H	R	X	T	A	D	F	P	T	T	P	N	Y	A	Q
Q	U	P	B	X	B	R	F	T	A	P	S	T	H	I	E
T	M	F	K	O	T	S	W	Q	E	E	J	A	D	R	K
M	U	B	N	T	N	W	N	A	J	K	D	R	D	J	A
L	H	T	N	O	R	T	C	E	L	E	U	K	N	G	Z
G	K	P	Q	H	A	Z	Q	G	Q	T	M	I	O	S	R

BATIRI
KARBON
DESEL
LANTARKI
ELECTRON
INJIN
SHIGA
MUHALLI
FATAR
FETUR

ZAFI
HIDROGEN
SANA'A
MOTA
HOTO
GURBATA
SANARWA
TURURI
TURURUWA
ISKA

9 - Chess

R	T	L	G	Z	A	K	A	R	A	W	O	W	O	U	M
U	B	E	A	A	M	X	Q	G	W	V	A	L	U	U	U
O	M	F	S	Y	S	R	C	Z	R	R	K	S	T	W	L
W	Z	M	A	H	I	K	R	J	A	V	X	A	A	I	K
E	K	H	W	T	O	X	I	O	K	C	Q	C	S	G	I
B	N	N	N	K	N	F	Z	Y	U	E	W	C	S	A	T
C	K	Y	A	U	E	B	Y	U	A	I	L	Y	T	S	B
E	P	G	D	P	V	H	K	K	D	K	K	Q	G	A	K
L	O	K	A	C	I	U	G	L	A	N	F	Y	O	R	O
G	X	C	Q	F	F	B	J	W	S	M	H	A	X	F	S
R	D	I	P	L	D	A	B	A	R	U	N	N	T	Z	U
S	A	R	A	U	N	I	Y	A	C	J	J	A	U	Z	X
I	S	A	R	K	I	K	F	X	G	A	B	D	G	K	N
O	B	F	M	O	B	B	A	K	I	M	J	A	R	K	H
B	K	T	K	S	P	Z	V	S	N	I	H	W	S	E	M
H	P	R	R	X	N	O	H	S	E	M	O	A	X	P	R

BAKI
ZAKARA
GASKIYA
LAYI
WASA
SARKI
'YAN ADAWA
MULKI
DAN WASA
SARAUNIYA
SADAUKARWA
DABARUN
LOKACI
GASAR
FARI

10 - Archeology

N	K	J	A	T	S	I	K	K	Z	O	J	K	P	L	E
C	I	H	S	A	K	O	G	A	A	T	U	A	Y	K	B
Y	R	D	N	K	W	V	I	B	M	G	U	K	Y	Y	M
A	I	J	A	U	O	S	C	A	A	D	X	K	X	T	S
W	S	M	B	D	P	W	Z	R	N	B	R	O	U	V	I
T	A	Y	I	G	N	U	K	I	I	K	P	B	Z	Q	C
P	M	Y	K	G	J	M	F	K	B	K	S	L	Y	W	I
F	E	T	E	K	A	S	M	D	M	A	N	T	A	N	V
V	L	S	Z	W	O	T	T	K	N	J	Y	X	K	H	K
Y	N	X	D	P	A	U	E	K	I	C	N	I	B	A	H
H	K	F	T	D	F	Y	Y	C	C	B	H	N	R	I	S
U	A	F	U	S	T	A	B	U	B	U	W	A	C	U	T
Z	E	K	I	C	N	I	B	I	A	M	P	W	O	F	Z
H	E	V	A	G	K	Q	Y	W	L	L	H	G	K	V	Y
V	X	W	E	I	U	D	B	P	W	S	T	H	P	B	Y
R	A	K	R	Q	Z	H	S	L	D	A	L	A	A	J	C

BINCIKE
TSUFA
KASHI
WAYEWA
ZURIYA
ZAMANI
KYAUTA
GWANI

MANTA
ASIRI
ABUBUWA
SAKE
MAI BINCIKE
KUNGIYA
HAKA
KABARI

11 - Food #2

X	L	O	N	V	A	K	T	R	Z	V	D	K	E	A	H
B	R	O	C	C	O	L	I	B	A	N	I	K	O	R	C
K	C	V	K	W	S	R	A	E	K	C	R	L	C	T	T
Z	W	Q	I	J	C	U	F	Q	P	P	E	K	E	I	H
G	P	A	F	A	L	A	M	A	R	K	C	X	L	C	T
E	K	Z	I	K	I	W	I	I	S	I	V	A	E	H	U
A	F	A	K	N	I	H	S	E	L	P	P	A	R	O	M
L	Y	K	K	B	M	C	N	D	G	P	A	K	Y	K	A
C	K	A	Q	V	K	Y	M	A	K	K	Y	X	Q	E	T
Y	U	V	B	F	P	H	N	L	A	Q	K	L	U	D	I
Y	O	K	N	A	L	U	K	A	C	Q	W	Q	E	P	R
O	N	G	U	L	J	V	T	N	B	Z	A	W	V	A	B
G	J	P	T	L	I	A	R	A	G	K	I	S	Z	A	G
U	P	Y	W	Y	L	P	X	M	T	S	P	T	F	Z	I
R	E	F	S	S	J	Z	N	A	M	A	N	K	A	Z	A
T	T	O	C	J	C	N	P	N	W	W	Z	J	K	L	F

APPLE
ARTICHOKE
AYABA
BROCCOLI
CELERY
CUKU
CERI
KAZA
CAKULAN
KWAI
KWAI
KIFI
INABI
NAMAN ALADE
KIWI
NAMAN KAZA
SHINKAFA
TUMATIR
ALAMA
YOGURT

12 - Chemistry

H	S	G	Y	T	P	A	K	G	C	U	E	A	K	M	N
B	I	Y	I	B	V	J	V	T	F	X	C	B	V	Q	R
S	K	D	T	S	L	V	D	R	R	L	N	U	K	E	U
N	I	K	R	I	H	U	S	S	N	R	G	B	K	L	W
I	Z	Q	A	O	Z	I	Y	Z	A	F	I	U	A	E	A
I	R	C	I	L	G	D	R	R	J	P	T	W	W	C	Y
K	A	R	B	O	N	E	S	I	V	J	G	A	M	T	I
K	D	Q	Y	Z	D	F	N	A	T	O	M	I	C	R	K
W	K	S	R	G	I	R	O	L	O	K	B	S	E	O	S
A	T	K	Z	P	S	A	I	O	X	Y	G	E	N	N	A
Y	T	H	A	T	D	K	B	E	J	N	S	F	I	E	G
O	K	K	F	E	P	Q	O	J	Q	U	J	R	L	Q	J
Y	A	J	I	N	H	M	X	M	N	N	X	V	A	A	G
I	V	G	N	L	Y	N	K	E	X	A	D	L	K	S	R
N	J	J	A	F	G	Z	E	H	K	R	S	X	L	T	V
S	L	M	X	S	A	C	I	D	I	M	C	G	A	K	W

ACID
ALKALINE
ATOMIC
KARBON
ARZIKI
KOLORI
ELECTRON
ABUBUWA
GAS
ZAFI
HIDROGEN
ION
RUWA
KARFE
KWAYOYIN
GASKIYA
OXYGEN
GISHIRI
ZAFIN
NUNA

13 - Music

L	R	S	K	F	K	Y	A	U	T	A	Y	R	U	M	L
A	V	V	U	Z	G	T	X	S	T	L	V	C	H	R	A
Y	M	A	B	O	S	A	Q	I	G	S	E	J	Q	M	L
I	P	S	I	A	W	U	T	I	J	K	X	Y	A	P	B
J	C	M	T	Ɗ	L	Ƙ	N	C	I	R	A	K	G	I	U
A	D	K	F	I	Z	L	L	D	J	A	R	L	O	A	M
G	K	F	J	K	J	A	A	Q	A	W	E	W	H	B	G
R	K	O	R	U	S	Y	B	D	V	A	P	M	A	F	E
A	U	A	O	F	H	W	F	A	E	H	O	A	T	Ƙ	G
G	X	B	F	Z	Ƙ	D	G	G	B	L	O	W	E	Ƙ	K
A	C	J	U	L	O	K	A	C	I	B	Y	A	O	Y	E
N	G	T	R	T	V	X	N	F	L	V	E	K	I	Q	Z
I	N	K	I	T	U	B	O	M	A	X	T	I	E	I	N
A	W	E	K	M	J	D	O	C	U	M	Y	Y	Q	S	Q
W	A	Ƙ	A	P	U	E	D	V	N	W	G	I	E	I	T
G	E	F	M	B	S	T	T	H	I	K	L	U	M	A	T

ALBUM
BALLAD
KORUS
NA GARGAJIYA
ZABABBE
JITUWA
KYAUTA
WAƘA
MULKI
MAKIRUFO
KIƊA
OPERA
WAQA
RUBUTU
KARI
LAUNI
RAWA
MAWAKI
LOKACI
MURYA

14 - Family

Z	D	U	T	K	H	P	Q	T	K	C	K	Z	K	J	V
D	A	B	U	H	O	Z	Y	A	R	A	K	Q	A	I	P
E	N	D	U	H	I	W	M	A	Y	U	K	G	K	K	J
C	W	J	R	I	U	L	K	O	M	U	W	A	A	A	G
P	A	S	D	A	N	U	W	A	L	W	T	C	N	N	W
S	W	Z	Z	O	C	C	H	F	D	Y	V	E	E	Y	D
Z	U	M	N	Z	D	V	M	A	L	K	T	B	I	K	J
O	R	A	Y	H	L	X	B	R	K	C	A	D	E	W	E
Y	A	R	A	O	H	O	F	P	S	T	G	N	H	K	I
T	Y	B	I	B	J	I	K	A	V	Z	S	B	E	W	K
J	J	P	V	K	U	S	W	G	R	C	F	H	C	H	R
M	O	Z	R	C	W	A	N	C	X	R	X	D	I	Z	W
M	D	E	M	N	A	N	N	I	N	H	P	W	N	J	U
J	F	V	B	L	K	U	S	J	P	V	E	H	A	P	T
U	M	A	T	A	I	X	Y	I	I	M	E	P	N	H	L
R	M	R	A	W	K	W	C	M	L	Y	Y	S	K	T	D

KAKANE
INNA
YARO
YARA
DAN UWA
'YAR
UBA
JIKAN
KAKA
JIKA
MIJI
UWA
DAN WA
NICE
NA UBA
YAR'UWA
KANE
MATA

15 - Farm #1

J	S	F	H	S	S	R	K	D	E	E	F	Y	R	W	L
K	T	C	G	R	A	M	C	F	I	L	I	N	N	N	K
F	A	A	F	O	N	K	Q	T	H	V	K	O	O	J	H
M	K	R	K	H	N	G	G	J	G	K	I	S	N	I	P
L	V	J	E	I	U	D	O	K	I	A	J	I	A	C	Z
S	E	V	E	M	G	R	F	H	A	Z	H	B	V	O	A
S	M	W	O	V	L	Q	V	V	T	A	X	D	T	W	W
Y	O	U	X	S	G	C	B	C	S	I	P	Y	J	R	O
Z	K	J	C	S	Q	U	G	Y	X	F	J	K	Z	U	L
M	R	G	W	H	I	I	Z	L	E	G	O	L	T	W	R
K	A	T	T	I	T	V	R	U	H	I	J	Z	C	A	G
K	F	G	X	N	S	O	S	G	I	B	L	U	N	T	K
A	G	U	E	K	A	B	A	C	A	F	A	M	I	X	P
G	F	I	K	A	R	A	M	G	W	D	E	A	P	K	B
G	I	I	S	F	I	A	W	A	K	I	U	G	N	X	M
W	C	R	T	A	M	U	Z	N	A	D	U	K	Q	M	K

NONA
KUDAN ZUMA
BISON
MARAKI
MAGE
KAZA
SANNU
COW
KARE
JIKI
FARKO
TAKI
FILIN
AWAKI
AKWAI
ZUMA
DOKI
SHINKAFA
TSARI
RUWA

16 - Camping

O	P	S	V	G	F	J	E	S	V	M	L	D	R	F	N
O	G	V	V	D	I	B	O	B	B	A	D	A	A	A	L
Z	Y	X	I	C	K	D	N	V	K	R	O	B	G	R	E
B	W	U	F	L	Z	S	A	F	M	A	K	I	A	U	Q
Q	L	I	Y	S	Y	C	K	V	U	U	H	A	I	W	R
H	T	A	F	K	I	N	K	K	Z	Z	D	K	X	A	R
A	R	I	W	S	A	T	Z	W	K	K	K	W	L	W	K
T	R	D	H	R	K	P	P	K	A	E	K	X	T	O	V
I	R	A	W	K	I	W	T	N	D	S	L	K	D	B	N
N	P	H	P	O	T	G	F	K	U	O	Q	G	V	F	Y
K	X	S	H	G	N	D	I	Q	W	F	W	X	Q	S	U
J	O	I	T	F	A	D	A	Y	A	T	A	V	V	E	J
V	P	N	S	A	T	U	W	J	A	U	T	E	F	K	B
K	D	E	A	W	U	T	A	T	I	H	A	P	I	P	K
H	P	P	S	O	P	S	D	P	X	O	E	T	A	O	M
I	F	G	H	M	H	E	F	Q	E	Z	Z	C	S	J	H

KADUWA
DABBOBI
GIDA
KANOE
KAMFAS
WUTA
DAJI
NISHADI
RAGA
HATIN

FARUWA
KWARI
TAFKIN
TASWIRA
WATA
DUTSE
DABI'A
IGIYA
TANTI
ITATUWA

17 - Algebra

S	R	M	R	W	Y	I	V	F	U	D	J	H	X	B	D
A	L	A	S	T	A	M	O	D	C	H	K	P	P	X	A
U	A	B	G	C	E	T	H	A	Q	O	X	J	E	I	B
K	G	M	T	E	V	Q	K	I	M	A	T	R	I	X	A
I	S	A	H	R	W	Q	Y	D	W	T	K	S	N	X	R
J	S	L	S	T	X	C	A	A	D	I	R	A	A	V	A
N	S	I	F	I	L	I	U	I	A	F	O	S	Y	B	F
A	Z	L	V	H	K	H	T	T	E	A	T	X	A	I	H
C	A	R	O	R	Y	B	A	U	Q	M	H	R	B	Y	Q
G	N	B	D	P	Y	N	T	W	A	K	S	Y	O	A	L
A	E	A	Q	G	F	S	A	A	H	L	K	B	U	L	C
S	K	Q	L	Q	B	S	W	F	N	W	Y	D	O	I	I
K	K	A	R	Y	A	C	A	T	W	J	T	A	O	Y	B
I	M	Z	T	W	A	V	X	L	O	C	I	E	D	A	J
Y	P	F	G	H	E	V	K	L	R	R	J	N	J	L	K
A	N	A	G	B	K	S	W	X	Z	W	M	W	H	S	O

ZANE
DAIDAITUWA
BAYANI
GASKIYA
KARYA
DABARA
IYAKA
LAYI-LAYI
MATRIX
LAMBA
KYAUTATAWA
MATSALA
SAUKI
MAFITA
RAGE
CANJI
SIFILI

18 - Numbers

M	W	W	L	K	K	Y	S	X	J	A	P	K	O	K	J
A	O	S	N	Z	P	K	E	K	V	S	E	K	A	W	A
T	P	S	K	E	Y	P	B	G	K	D	H	W	U	Y	L
R	F	B	H	X	E	J	U	K	U	Y	I	B	A	H	S
R	X	S	N	I	A	W	K	A	B	E	C	H	G	E	T
M	X	O	A	A	D	M	V	B	B	R	K	K	G	U	D
B	Y	U	B	G	Z	A	D	A	Y	A	K	Z	Q	Z	E
Z	I	C	U	O	Z	A	K	H	U	D	U	S	A	R	Y
G	L	Y	F	M	O	A	M	O	G	G	C	Y	Y	P	X
I	I	N	U	A	P	S	R	A	Y	I	B	C	X	W	N
Y	F	Z	B	S	B	H	K	R	N	T	A	K	W	A	S
K	I	J	R	H	H	I	J	A	S	I	J	G	K	Q	B
Q	S	K	T	A	A	R	A	T	A	H	S	A	M	O	G
E	I	M	W	U	A	I	Z	X	O	V	Q	J	M	V	C
Q	C	Y	H	K	I	N	S	Z	K	L	D	I	K	F	L
I	K	L	Q	U	D	U	H	A	H	S	A	M	O	G	Q

NA ZAMANI
TAKWAS
BIYAR
HUDU
GOMA SHA HUDU
TARA
GOMA SHA TARA
DAYA
BAKWAI
SHIDA
GOMA
GOMA SHA UKU
UKU
SHA BIYU
ASHIRIN
BIYU
SIFILI

19 - Spices

N	I	M	U	C	W	C	P	T	L	C	C	T	R	Q	J
O	U	X	O	H	A	I	O	K	I	A	O	Z	K	B	K
R	T	T	K	B	O	G	P	J	P	R	R	H	B	B	P
F	A	B	M	J	P	O	D	A	C	I	I	T	K	L	I
F	F	B	H	E	J	C	N	E	L	L	A	H	T	E	P
A	A	A	Z	C	G	A	S	K	H	J	N	F	S	B	F
S	R	N	X	I	D	A	D	I	A	M	D	V	W	I	M
U	N	I	W	R	Y	A	N	I	S	E	E	Y	U	K	G
C	U	L	A	O	O	N	M	D	C	L	R	Z	Y	O	D
A	W	A	S	C	N	A	K	A	N	A	M	F	A	R	I
R	A	K	O	I	E	K	S	D	Y	B	F	C	F	I	O
D	E	O	Y	L	V	I	N	A	Z	M	W	I	H	B	W
A	S	W	E	J	Q	R	H	H	B	K	W	T	S	U	C
M	Z	E	C	Y	E	P	I	K	J	L	J	T	Y	X	U
O	A	X	A	Y	R	A	K	I	R	F	A	A	R	T	T
M	C	C	D	N	P	P	F	E	N	G	R	E	E	K	L

ANISE
DACI
CARDAMOM
KIRFA
KANAMFARI
CORIANDER
CUMIN
KARYA
FENGREEK
DADI
TAFARNUWA
CITTA
LICORICE
NUTMEG
ALBASA
PAPRIKA
SAFFRON
GISHIRI
MAI DADI
BANILA

20 - Universe

Q	S	L	N	J	K	V	W	A	N	Z	D	I	O	U	B
Y	N	A	N	A	R	N	E	K	S	A	H	L	I	K	A
N	A	E	M	O	R	B	I	T	K	K	Z	V	S	I	Y
R	S	N	C	A	I	D	O	Z	K	K	G	D	W	Y	A
M	O	S	A	I	Y	A	S	T	H	A	L	I	F	A	N
A	L	T	E	Y	Z	Y	H	E	O	A	O	R	L	K	I
I	S	E	Z	I	I	W	A	Y	Z	S	Y	A	E	L	V
S	T	A	S	A	N	T	O	U	I	T	R	R	S	G	P
A	I	F	A	G	A	L	A	X	Y	E	I	U	C	C	E
N	C	W	M	H	S	B	P	R	I	R	A	A	S	C	B
A	E	W	A	F	G	P	F	F	K	O	D	T	Y	S	R
R	I	X	A	M	T	C	C	D	X	I	Z	N	K	Y	E
W	E	D	U	T	I	T	A	L	D	D	H	I	H	O	M
A	Q	F	H	P	A	Z	G	R	V	F	Y	M	W	E	S
J	R	W	U	B	O	S	L	I	C	Z	E	L	W	Z	Y
J	Z	K	D	H	Y	X	Y	R	T	J	R	I	U	X	S

ASTEROID
MAI SANARWA
ILMIN TAURARI
YANAYI
SAMAYYA
DUHU
GALAXY
HALIFA
LATITUDE
TSAYI
WATA
ORBIT
SAMA
HASKEN RANA
SOLSTICE
BAYANI
ZODIAC

21 - Mammals

K	W	A	X	C	Q	O	U	N	D	G	T	D	L	B	B
P	A	G	O	R	I	L	L	A	O	I	K	A	Z	E	I
R	N	I	F	K	X	L	L	J	L	R	V	G	Y	A	R
K	I	K	Z	F	A	U	G	D	P	A	Z	S	F	V	I
W	K	Y	K	Q	S	B	V	P	H	F	A	E	W	E	N
K	K	A	N	G	A	R	O	O	I	F	N	H	B	R	N
T	F	N	V	T	A	T	M	L	N	E	G	A	M	R	J
L	R	K	P	E	R	O	O	K	D	N	L	I	Y	K	A
C	N	E	M	Z	R	K	Z	C	V	J	K	A	O	X	R
O	P	R	P	W	I	H	T	U	M	A	K	I	W	K	F
Y	X	K	K	D	I	F	K	G	I	W	A	W	G	W	C
O	B	E	T	E	Z	M	A	D	O	K	I	K	S	N	A
T	R	F	C	G	J	I	R	T	W	D	W	L	W	L	A
E	V	M	F	S	A	T	E	Y	D	P	H	U	Z	U	W
D	L	K	X	W	U	A	G	A	U	Z	I	P	D	P	Q
R	Q	A	B	J	U	T	V	I	K	V	S	W	Z	X	T

KAI
BEAVER
BULL
MAGE
COYOTE
KARE
DOLPHIN
GIWA
FOX
GIRAFFE

GORILLA
DOKI
KANGAROO
ZAKI
BIRI
ZOMO
TUMAKI
WALE
KERKEF
ZEBRA

22 - Fishing

G U Q I T M Ƙ E Q I S P T C Y H
S Y N Q L U K E T C R T Ƙ A O B
G Z J Z A Ƙ M Ƙ Z J W Z Ƙ G K D
I M O D N A W K O H X M I E Q J
T T S C L M J N I M R W Ƙ M U V
O Q N L V U V N U N U N A C H G
S Y D B L Ƙ K O G I R U K A H M
U K E T N I K A B R U W A I Z R
L S Y S J I G F Y N M A U I W L
T J J A A M B A K I V N Z L C B
C Q D U U S D D O K L H Q B M M
D V W F P T C V T F T L K Ƙ I A
R J Ƙ A R I A O O A O Q A R X A
J P A T L W I D L T S W M W Y B
L A F I Y A Z Z Ƙ X Q B O N K E
F L P K T N U E F W M T T X V L

KOTO
KWANDO
BAKIN TEKU
KWALLIYA
DAFA
ƘARI
LAFIYA
GILLS

KYAUTA
MUƘAMUƘI
TAFKIN
TEKU
HAKURI
KOGI
RUWA
NUNA

23 - Bees

I	T	S	P	M	A	R	X	H	D	X	Z	K	D	S	Q
Y	A	Y	A	V	B	Z	W	O	A	B	P	A	S	V	Q
U	A	I	T	U	I	K	I	H	A	Q	O	K	I	E	R
B	E	X	Q	Q	N	H	F	A	M	A	L	I	J	I	K
U	T	A	R	O	C	N	U	Y	F	L	L	N	V	Z	W
R	Q	V	X	Q	I	D	R	A	A	Y	I	Z	F	G	M
A	P	O	L	L	E	N	E	K	N	P	N	U	U	A	D
N	C	H	F	S	V	D	G	I	I	E	A	M	K	N	J
A	Z	N	F	O	L	A	M	B	U	N	T	A	A	H	B
S	A	R	A	U	N	I	Y	A	T	K	O	H	F	N	Y
N	W	C	X	N	K	R	A	K	K	S	R	G	U	G	M
P	P	S	G	K	F	A	H	R	B	D	I	D	K	G	P
C	X	J	M	L	V	W	V	M	U	J	L	R	I	L	B
Y	X	E	O	K	W	K	K	W	Q	F	B	N	R	G	K
A	D	K	N	Y	D	E	P	D	Q	Q	S	L	U	A	G
B	A	N	B	A	N	C	I	N	Z	U	M	A	Y	K	I

DA AMFANI
FURE
BANBANCIN
FURAI
ABINCI
'YA'YA
LAMBUN
HIV
ZUMA
KWARI

TSIRRAI
POLLEN
POLLINATOR
SARAUNIYA
HAYAKI
RANA
TARO
KAKIN ZUMA
FUKA-FUKI

24 - Job Skills

Q	M	H	G	T	A	S	I	R	I	P	G	O	O	C	Y
H	P	W	A	R	I	K	I	F	X	E	U	F	V	H	B
E	Q	H	S	W	U	I	K	J	I	P	D	P	W	L	E
Y	A	Y	K	K	R	K	Y	E	L	N	A	F	K	G	S
S	C	Y	I	C	N	A	Y	I	A	M	N	L	J	I	S
B	A	H	Y	Z	O	H	K	B	K	V	A	J	A	R	V
W	A	D	A	F	K	L	X	U	N	C	R	V	G	M	H
E	A	R	A	L	W	A	N	K	A	A	W	T	O	A	E
B	T	A	Z	R	M	M	E	C	H	D	A	Q	R	M	X
J	V	V	E	I	W	K	G	K	J	K	A	K	A	A	P
M	W	L	Y	S	K	A	G	V	Y	V	N	S	N	W	S
I	C	H	B	L	Q	I	A	K	O	B	A	J	C	A	H
B	D	B	K	F	E	Z	G	Q	V	G	F	K	I	Y	H
E	N	H	Z	P	Z	N	O	Z	I	S	H	F	C	V	O
S	H	I	R	I	W	P	G	Z	Z	K	J	O	D	Y	P
K	Y	A	U	T	A	T	A	W	A	I	Z	S	Q	K	B

ARZIKI
GASKIYA
KYAUTATAWA
SADARWA
HANKALI
FIKIRA
SADAUKARWA
TASIRI
GOGAGGEN
ABOKAI
MAI 'YANCI
JAGORANCI
GUDANARWA
SHIRI
GIRMAMAWA
ALHAKI

25 - Photography

W	O	Z	A	B	U	O	U	J	K	S	R	I	N	L	O
F	I	O	K	C	L	L	B	J	T	H	A	C	G	G	C
X	W	W	A	L	C	W	W	E	H	X	O	U	W	X	S
D	Q	Y	R	E	N	M	C	C	H	J	J	G	K	X	D
I	R	A	S	T	M	A	K	V	G	P	F	Z	A	I	R
N	I	D	D	S	V	B	W	Y	F	U	A	H	W	K	L
U	W	H	F	E	E	B	A	A	I	U	T	K	Y	A	K
A	H	N	D	E	R	A	K	Y	O	Q	H	T	L	B	B
L	O	U	K	W	A	N	C	E	A	V	Z	S	G	V	K
P	T	K	D	Y	D	O	H	K	Y	N	K	L	Q	S	L
Q	O	R	U	B	U	T	U	S	R	Z	I	I	M	E	K
K	I	N	U	W	A	T	U	A	Y	K	Q	C	Y	L	X
I	C	U	C	O	T	K	S	H	F	I	R	A	M	L	N
R	D	D	U	K	A	M	A	R	A	I	N	G	K	O	D
V	T	Y	O	K	L	L	B	I	K	Z	D	W	J	G	X
H	A	N	K	A	L	I	Q	A	W	B	D	M	O	U	E

BAKI
KAMARA
LAUNI
KWANCE
DUHU
BAYANI
TSARI
FIRAM
HASKE
ABU
HANKALI
HOTO
INUWA
SAUKI
RUBUTU
KYAUTA

26 - Weather

B	E	K	I	Q	I	W	X	F	D	Z	I	V	Z	M	E
V	A	R	A	K	N	A	K	C	R	A	S	O	T	Z	C
S	D	K	M	O	N	S	O	O	N	F	K	O	E	A	M
A	N	L	A	Y	I	K	L	A	W	I	A	G	H	L	L
M	I	Q	W	N	N	Z	O	W	G	N	N	P	F	N	F
A	Y	L	U	V	G	G	D	C	E	N	E	M	A	M	N
L	A	T	G	T	D	I	A	A	K	Q	K	J	R	O	X
X	Y	Z	U	C	T	L	Z	J	Q	K	G	J	I	K	T
W	K	I	G	B	V	H	V	O	I	U	N	I	X	W	Y
T	O	R	N	A	D	O	D	H	Y	M	R	A	M	A	F
A	M	B	A	L	I	Y	A	F	A	D	A	S	T	N	G
M	A	G	A	N	A	R	N	A	N	Z	L	R	S	T	G
K	O	P	E	X	L	L	G	V	A	N	O	D	E	A	N
B	U	S	H	E	T	D	O	W	Y	D	P	N	Z	S	K
L	F	N	A	D	F	C	O	O	R	V	L	F	F	O	N
B	F	Z	X	E	S	Q	W	E	E	A	L	X	Q	B	I

YANAYI
KWANTA
YAYINDA
GAJIMARE
FARI
BUSHE
AMBALIYA
HAZO
KANKARA
WALƘIYA
MONSOON
POLAR
BAKAN GIZO
SAMA
GUGUWA
ZAFIN
TSADA
TORNADO
MAGANAR NAN
ISKA

27 - Adventure

K	O	G	L	L	A	C	H	B	O	U	L	V	X	K	X
I	A	I	B	A	D	Y	T	K	H	P	S	T	K	X	E
Y	Y	W	M	U	R	N	A	A	Y	O	A	R	I	S	T
Y	U	A	A	C	K	M	B	U	P	E	B	E	S	P	S
A	W	K	Y	I	D	J	Q	A	K	D	O	B	H	O	C
B	U	U	O	R	K	Y	A	U	L	Y	X	V	A	B	T
O	M	V	S	I	I	I	R	A	D	A	H	I	A	M	J
K	C	B	A	H	Z	P	U	Q	C	F	G	L	W	P	M
A	D	E	M	S	B	D	B	X	X	L	Z	U	A	X	L
I	M	U	N	S	A	B	A	R	P	Q	J	V	R	N	P
A	H	A	N	Y	A	E	T	C	H	G	T	E	S	O	L
H	I	Z	L	X	R	X	Q	J	D	R	M	A	J	R	Z
V	K	K	A	V	G	Q	D	I	T	D	K	U	F	P	R
L	X	Q	I	K	G	H	B	A	U	T	P	Y	N	S	K
P	P	Z	E	J	B	T	C	G	C	K	I	Z	U	B	F
S	L	Z	E	W	A	D	A	M	A	T	Y	W	F	C	J

AIKI
KYAU
DAMA
MAI HADARI
MASOYA
WUYA
SHA'AWA
BALAGURO
ABOKAI

HANYA
MURNA
DABI'A
KAWAI
SABO
SHIRI
TSIRA
MUN SABA

28 - Sport

X	C	J	W	W	C	V	U	L	R	A	W	A	K	O	L
S	H	I	R	I	N	H	V	B	A	Y	I	C	U	Z	U
A	C	E	C	W	O	A	G	U	R	F	A	T	V	L	M
M	Q	K	J	O	J	W	G	K	A	W	I	R	F	G	F
Z	S	S	V	R	K	A	I	Q	K	F	C	Y	A	U	W
G	U	D	U	O	K	N	Q	L	A	B	N	O	A	K	X
W	N	C	J	S	N	K	S	P	R	Z	I	F	D	K	V
K	A	W	D	T	N	E	B	K	C	S	B	Q	T	M	K
L	A	S	X	X	K	K	C	P	J	C	A	K	E	D	A
M	S	C	A	P	Q	E	I	D	A	N	W	A	S	A	R
W	S	V	R	N	Q	G	Y	S	H	T	S	D	T	D	F
S	S	V	D	S	N	Q	A	Z	D	I	K	T	N	C	I
L	Q	J	I	K	I	I	R	G	Y	Z	A	N	M	S	K
U	Q	I	N	B	F	D	W	G	O	S	S	B	K	G	S
O	H	C	Q	K	K	B	A	S	C	L	H	H	G	O	G
B	W	O	G	G	L	K	S	X	B	A	I	S	D	B	K

DAN WASA
JIKI
KASHI
ZUCIYA
KOCI
HAWAN KEKE
RAWA
ABINCI

LAFIYA
GUDU
KARA
TSORO
CIYARWA
SHIRIN
WASANNI
KARFI

29 - Tools

M	V	O	U	N	I	J	A	J	X	E	N	Q	S	V	M
R	A	Y	I	G	I	P	R	K	K	Y	Q	T	Z	X	G
M	M	T	Z	S	Q	I	X	Q	L	K	R	Y	P	M	N
N	U	E	S	K	H	W	T	U	N	K	C	S	H	D	D
L	D	L	R	A	Z	A	R	O	V	T	N	Y	K	T	B
X	U	A	O	U	K	W	A	Y	A	X	T	Y	Q	S	H
K	G	M	S	V	N	A	Q	Z	V	E	N	U	Z	A	F
D	I	W	S	H	U	Q	I	M	R	U	O	F	N	N	K
K	H	W	I	C	E	Y	C	C	C	X	U	U	W	I	Q
V	O	H	C	R	N	B	H	I	I	W	I	L	I	I	T
W	H	J	L	X	N	W	U	D	U	Y	W	Z	Q	L	Z
E	W	K	I	M	A	U	T	R	Z	S	A	M	F	O	O
Y	U	D	F	S	M	T	L	E	A	A	H	N	R	D	M
R	K	P	J	P	E	A	R	Y	J	X	U	D	B	Y	C
G	A	R	A	T	T	A	T	A	M	U	K	F	H	E	I
O	S	R	G	U	N	D	U	N	K	U	L	E	D	K	Z

AX
WAYA
MANNE
GUDUMA
WUKA
TSANI
MALET
MATATTARA
RAZA
IGIYA
CISSORS
DUNKULE
SHEBUR
MATSAKAICIYA
WUTA
WILI

30 - Geology

M	S	G	S	L	J	M	K	X	N	O	K	W	F	W	Z
X	D	I	N	I	D	A	A	M	A	L	O	B	U	O	V
V	A	S	S	Z	A	R	E	N	R	A	G	M	K	T	K
K	M	H	F	T	P	Z	P	I	K	V	O	U	R	V	A
M	U	I	C	L	A	C	M	H	A	A	N	R	I	N	K
X	O	R	I	B	Y	L	I	W	R	W	D	J	S	I	D
B	X	I	R	J	I	F	A	U	W	E	U	A	T	F	L
V	M	Z	H	S	H	A	V	G	A	R	T	N	A	H	L
U	V	I	A	N	A	D	A	A	M	F	S	I	S	Z	D
B	B	O	T	F	N	A	G	S	B	I	E	Q	W	A	S
S	T	A	L	A	C	T	I	T	E	H	T	R	I	G	O
G	I	R	G	I	Z	A	R	K	A	S	A	E	D	A	H
M	M	T	L	C	Q	A	O	C	I	A	W	S	S	Y	D
K	L	J	E	X	U	C	K	U	U	S	J	T	N	A	F
D	R	P	N	N	Q	I	F	X	O	I	Z	U	P	D	P
K	D	S	Q	K	R	D	F	T	D	H	O	D	C	D	Z

ACID
CALCIUM
KOGON DUTSE
NAHIYA
MURJANI
KRISTAS
ZAGAYA
GIRGIZAR KASA
WUTA
LAVA

ZAREN
MA'ADANAI
NARKARWA
MA'ADINI
GISHIRI
STALACTITE
STALAGMITES
DUTSE
SASHI

31 - House

U	L	F	Z	S	M	P	K	H	W	H	C	M	R	L	S
L	W	L	A	H	A	A	L	I	T	I	F	Z	S	A	M
G	F	U	Ƙ	A	L	U	E	J	C	Ƙ	T	G	O	M	Q
W	A	T	U	W	A	D	Q	E	F	I	N	L	T	B	L
W	K	U	I	A	M	W	G	R	Q	E	N	E	B	U	Ƙ
G	O	B	K	J	A	Y	U	A	F	O	Ƙ	A	X	N	Ƙ
D	S	A	A	W	I	V	W	G	K	E	W	R	Ƙ	U	M
I	T	L	Z	N	R	O	H	U	L	W	X	D	J	N	O
Y	T	V	N	L	G	G	J	T	T	S	W	D	M	S	S
O	A	H	W	R	A	O	R	Y	N	P	G	N	J	J	N
Ɗ	V	P	C	S	G	B	R	O	Z	H	U	V	A	U	X
I	K	I	A	N	A	Y	A	K	Q	V	Ƙ	S	C	L	K
A	Ƙ	O	U	Z	T	Q	S	R	K	R	A	U	B	J	S
M	W	D	E	H	H	K	Z	A	I	B	U	D	A	M	O
L	K	K	H	N	D	W	E	F	U	R	B	U	F	S	S
H	V	P	T	K	C	Q	M	H	H	A	W	Y	V	B	B

MAI ƊOYI
TSOKA
LABUTU
ƘOFA
FARKO
WUTA
BENE
KAYAN AIKI
GAREJI
LAMBUN
MALAMAI
KICIN
FITILA
LABARI
MADUBI
RUFE
ZAKI
SHAWA
BANGO
TAGA

32 - Physics

D	G	L	U	S	I	D	A	N	A	G	A	M	S	F	K
E	W	U	R	I	Q	A	T	I	A	W	A	Y	E	A	W
M	L	V	V	W	T	N	I	Y	O	Y	A	W	K	D	A
A	K	E	S	P	Z	G	K	G	J	D	W	U	Q	A	Y
K	Q	B	C	A	A	A	Y	I	K	S	A	G	T	W	A
A	T	Q	W	T	I	N	D	D	R	Y	Y	G	R	A	R
N	A	O	X	A	R	E	K	Y	A	U	T	A	T	A	Z
I	R	Q	M	L	A	O	D	R	Q	H	A	N	M	V	A
K	O	L	G	A	Z	Y	N	A	J	E	B	S	F	P	R
A	I	D	N	G	N	L	C	A	B	I	N	J	I	N	R
I	N	M	M	G	A	S	B	G	I	A	Z	X	K	Q	A
G	W	A	J	I	H	S	A	K	K	U	R	M	K	I	K
Y	S	P	G	X	X	V	H	W	N	U	K	A	L	T	P
H	A	R	G	U	W	A	R	C	U	C	N	R	M	Q	Q
N	X	X	S	S	T	E	J	Z	Z	W	B	I	P	R	R
U	L	V	A	J	Y	K	G	A	T	W	I	A	X	T	V

HANZARI
KWAYAR ZARRA
HARGUWA
KYAUTATA
YAWA
ELECTRON
INJIN
FADAWA
GWAJI
DABARA
YAWAITA
GASKIYA
MAGANADISU
TARO
MAKANIKAI
KWAYOYIN
KASHI
DANGANE
SAURI
WURI

33 - Colors

T	M	T	I	R	A	F	F	U	C	H	S	I	A	S	P
Z	V	U	Ɗ	R	U	P	P	T	F	G	R	A	Y	Y	A
I	M	S	U	N	B	W	W	G	P	G	H	B	N	H	W
C	I	W	H	M	L	N	A	C	Z	E	P	S	X	K	Q
H	T	E	S	I	X	B	T	N	U	U	I	O	R	P	O
W	S	J	G	Y	U	H	N	A	H	K	Y	Q	T	G	R
J	V	H	W	J	F	S	E	Y	G	O	U	D	Q	U	Y
Y	E	L	U	Y	N	W	G	C	A	O	D	K	O	R	E
O	R	A	N	G	E	X	A	S	C	V	U	A	E	Q	J
N	D	S	B	X	M	H	M	I	E	X	S	H	B	H	D
F	P	F	E	A	G	Ƙ	J	V	Q	P	A	R	T	Y	J
J	S	F	I	K	A	B	B	O	E	L	I	D	Q	Q	U
P	P	V	G	R	X	H	C	Ƙ	R	J	P	A	Y	X	Z
Ƙ	O	Ƙ	E	N	F	Q	Y	K	V	M	S	X	O	Z	Q
C	Q	P	F	E	O	V	Ƙ	V	I	O	L	E	T	J	S
A	Z	U	R	E	K	B	E	C	Ƙ	Q	C	N	H	Y	A

AZURE
BEIGE
BAKI
SHUƊI
CYAN
FUCHSIA
KORE
GRAYYA
MAGENTA
ORANGE
RUWAN HODA
JA
SEPIA
VIOLET
FARI
YELU

34 - Shapes

I	A	W	Y	G	W	A	O	N	D	M	H	C	G	I	G
Y	M	A	Y	E	N	O	K	R	A	Q	N	H	I	V	T
I	R	W	H	F	X	Q	Y	D	K	U	R	G	M	R	X
A	N	Z	W	E	U	O	V	R	P	Z	J	K	N	G	E
W	D	B	M	X	P	R	I	S	M	T	V	B	D	E	M
K	U	M	B	U	R	I	S	I	L	I	N	D	A	F	U
R	H	A	W	T	Y	D	I	I	K	L	L	K	D	U	R
A	K	I	T	A	W	L	A	Q	Z	K	U	F	A	N	A
F	H	P	J	R	H	U	L	C	E	S	X	G	I	A	B
F	G	E	L	D	C	N	A	K	A	B	D	L	R	O	B
I	Z	T	A	V	I	O	H	X	U	B	X	A	A	B	A
S	Q	L	Y	G	S	G	Y	A	M	S	Q	P	L	H	I
Z	Q	J	I	J	C	Y	D	N	G	K	I	V	I	A	G
R	E	T	A	N	G	L	E	Y	O	V	A	Y	R	A	K
Q	J	H	D	Y	X	O	I	C	P	C	A	W	A	Q	T
G	X	J	T	Z	T	P	H	Y	P	E	R	B	O	L	A

BAKA
DA'IRA
KONE
KUSIYA
KUMBURI
KARYA
SILINDA
GEFUNA
CIRE
HYPERBOLA
LAYI
SIFFAR KWAI
POLYGON
PRISM
DALA
RETANGLE
GEFE
MURABBA'I
ALWATIKA

35 - Scientific Disciplines

V	P	I	F	A	K	A	G	I	R	J	R	K	C	G	Y
C	O	Y	A	Y	Y	I	M	O	T	A	N	A	I	I	A
N	O	W	W	F	I	R	N	Q	M	B	L	Y	Y	T	R
A	K	J	U	O	L	A	O	E	A	W	V	Z	A	K	O
S	K	E	Z	N	I	R	S	T	S	A	V	G	R	R	B
H	F	R	N	L	M	U	A	K	A	I	K	G	W	S	A
Y	N	C	A	M	I	A	N	S	K	A	O	J	A	I	}
D	O	H	W	A	N	T	A	K	N	N	G	L	R	O	U
D	Y	H	U	K	S	N	R	Z	I	A	K	Q	O	R	Y
K	X	F	Z	A	H	I	W	I	M	D	N	P	Z	G	A
J	I	N	I	N	U	M	A	A	I	A	L	N	Y	A	Y
V	I	K	O	I	K	L	L	R	L	A	M	E	E	A	Z
P	P	N	E	K	A	I	L	K	I	M	G	K	O	C	T
O	K	J	M	A	B	T	J	I	H	A	R	S	H	E	O
C	A	T	T	I	L	A	H	N	I	M	L	I	P	K	K
B	I	O	C	H	E	M	I	S	T	R	Y	B	K	U	B

ANATOMIYYA
ARKI
ILMIN TAURARI
BIOCHEMISTRY
ILMIN HALITTA
ILIMIN SHUKA
ILIMIN KASA
RIGAKAFI
KINESIOLOGY
HARSHE
MAKANIKAI
SANARWA
MA'ADANAI
JINI
CIYARWA
YARO-BA-} UYA
ZUWAN ZUWA

36 - Science

H	H	C	D	J	T	M	A	L	A	M	A	I	G	Z	V
X	C	M	A	U	S	D	G	M	Y	B	I	N	O	O	X
K	Q	C	B	Y	I	A	N	A	Y	A	B	A	V	M	H
Z	Q	K	I	I	R	U	U	I	V	Y	Q	U	Z	J	K
Z	U	C	A	N	R	J	C	A	M	I	N	Y	Y	S	I
C	Y	Y	R	H	A	H	C	N	T	K	Z	I	K	F	L
H	A	K	R	A	I	K	L	A	U	S	N	N	I	N	K
F	Y	R	A	L	R	T	Y	D	I	A	H	A	N	Y	L
S	I	W	Z	I	K	I	J	A	W	G	K	Y	J	C	W
W	N	U	R	T	K	W	X	A	U	U	I	A	J	G	C
S	D	B	A	T	J	K	A	M	Y	T	M	B	Q	H	E
H	A	Y	Y	A	H	I	C	Y	Q	S	A	J	T	R	W
K	E	D	A	R	A	K	N	U	O	Y	Q	T	U	N	K
A	C	O	W	H	N	E	D	I	V	Y	P	L	A	L	K
S	R	N	K	H	A	N	Y	A	E	F	I	X	Z	O	K
T	S	A	M	M	A	N	I	F	X	F	G	N	P	M	O

KWAYAR ZARRA
KYAUTATA
YAYINDA
BAYANAI
JUYIN HALITTA
GWAJI
GASKIYA
NAUYI
TSAMMANI
HANYA
MA'ADANAI
KWAYOYIN
DABI'A
BAYANI
JINI
TSIRRAI
MALAMAI

37 - Beauty

Y	C	N	F	G	P	F	C	V	T	F	S	D	P	M	K
Y	J	O	A	M	M	X	I	N	B	Q	J	R	U	A	Y
E	T	K	O	L	D	M	I	W	F	F	M	W	C	S	A
C	K	G	O	K	R	N	X	B	P	S	B	M	U	C	U
G	I	H	S	A	G	T	C	F	W	R	G	Z	U	A	T
W	B	S	C	I	T	E	M	S	O	K	U	E	A	R	A
D	U	G	S	S	H	A	M	F	U	T	G	J	R	A	Q
X	D	F	K	O	K	A	M	S	H	I	O	Q	Q	Z	X
O	A	U	A	R	R	U	H	E	K	R	B	H	O	N	R
J	M	Q	A	T	V	S	U	E	L	A	E	P	S	S	T
H	N	O	P	S	A	W	O	G	H	S	E	H	Y	N	J
L	A	U	N	I	C	E	K	W	Y	T	C	B	L	W	J
S	J	A	N	B	A	K	I	A	Y	Y	U	K	A	I	D
B	O	Y	Y	N	R	C	J	K	Z	S	J	B	V	Q	Q
K	A	K	U	L	L	D	X	K	X	S	N	H	G	X	H
W	F	M	P	X	Q	M	A	L	H	E	R	I	W	G	R

LAUNI
KOSMETICS
GASHI
KYAUTA
KYAU
KAMSHI
ALHERI
JAN BAKI

MASCARA
MADUBI
HOTO
CISSORS
AYYUKA
SHAMFU
FATA
TSARI

38 - Clothes

S	S	I	C	D	I	X	F	X	C	Z	N	U	A	K	T
B	A	A	F	S	O	H	P	K	N	T	V	A	W	V	A
U	B	N	F	W	J	M	C	R	C	A	U	G	X	Y	K
D	A	B	D	O	D	N	A	W	R	Z	E	A	G	N	A
U	G	Y	K	A	F	C	C	U	K	S	H	I	R	T	L
R	W	W	Q	T	L	I	H	S	A	G	O	S	K	E	L
W	W	U	N	L	K	I	N	N	B	C	W	Q	A	K	A
A	H	Y	M	U	J	X	E	H	Z	K	G	K	Y	A	N
N	B	A	L	L	S	Z	J	S	A	O	Y	W	A	J	G
L	S	X	J	E	W	U	Y	L	X	N	W	O	N	W	V
L	E	K	S	N	A	E	J	V	H	Q	N	E	B	L	C
K	A	Y	N	I	T	A	H	K	S	A	H	U	A	I	H
B	T	Y	E	H	K	L	N	Z	F	K	N	N	C	Q	H
W	E	V	K	S	Y	E	R	I	G	A	R	N	C	H	Z
O	R	K	H	A	I	B	T	C	L	Y	T	U	I	J	S
H	D	T	I	F	A	Y	A	M	Y	W	E	M	O	K	W

GABA
BEL
BUDURWA
MUNNU
GASHI
RIGAR
FASHIN
SAFOFIN HANNU
HATIN
JAKET
JEAN
WUYA
KAYAN BACCI
WANDO
SANDALI
MAYAFI
SHIRT
TAKALLA
SIKET
SEATER

39 - Ethics

V	L	S	U	H	F	V	Q	R	A	S	I	O	A	D	U
G	I	R	M	A	M	A	W	A	A	C	I	G	L	A	D
U	F	A	S	I	F	A	M	I	K	I	H	Y	H	N	F
H	A	N	K	A	L	I	R	U	K	A	H	K	E	A	L
K	A	Y	Y	I	S	A	M	O	L	F	I	D	R	D	D
I	Y	I	I	F	E	W	I	T	E	B	Y	N	I	A	E
T	V	A	J	K	S	U	T	W	Q	M	A	C	R	M	R
A	Y	Z	U	S	S	N	D	M	K	O	S	S	K	M	P
E	M	J	D	T	W	A	M	Y	S	S	U	A	J	E	K
T	B	I	X	U	A	Y	G	L	P	C	A	L	Y	N	A
Y	Z	C	N	P	K	K	E	L	R	P	T	T	U	U	E
O	A	K	Z	C	Z	E	V	B	J	C	G	R	W	I	E
A	K	Y	T	F	I	N	V	B	T	C	D	U	O	G	L
E	Y	J	L	U	E	H	U	A	M	I	K	I	H	A	D
D	A	R	A	J	A	V	K	H	T	Y	T	S	F	U	D
S	I	B	E	E	G	U	C	Z	C	X	B	M	I	D	X

ALTRUISM
TAUSAYI
DARAJA
DIFLOMASIYYA
DAN ADAM
YAN UWA
AMINCI
ALHERI
KYAUTA
HAKURI
FASIFA
HANKALI
GASKIYA
DA HIKIMA
GIRMAMAWA
HIKIMA

40 - Insects

K	H	P	J	C	R	J	T	G	J	I	M	A	M	V	N
M	W	U	O	K	F	J	L	S	C	I	C	A	D	A	K
A	B	A	R	A	F	U	B	Q	U	I	M	M	K	N	S
N	G	W	R	A	Ƙ	O	J	K	B	T	B	J	S	C	O
T	J	U	X	I	J	I	M	O	V	R	S	B	U	U	G
I	O	R	T	M	K	Ƙ	W	A	R	O	C	A	A	N	T
S	B	A	B	Ƙ	T	W	K	W	A	N	K	W	A	S	O
V	V	J	A	S	U	Ƙ	A	U	I	P	T	N	J	N	Q
S	U	Y	M	Z	T	W	O	R	L	A	D	Y	B	U	G
A	A	Q	U	Z	G	E	A	V	O	E	H	Q	K	J	D
U	Q	M	Z	T	N	M	C	I	R	D	K	W	A	R	I
R	B	Q	N	S	H	L	L	O	A	U	I	Q	V	Z	A
O	X	D	A	B	B	J	S	G	Z	X	P	E	T	S	P
W	S	Z	D	N	H	J	K	C	N	C	R	X	Ɗ	A	D
R	S	P	U	C	D	J	J	X	A	K	X	A	D	U	P
V	L	Z	K	P	K	L	D	R	Z	N	M	T	I	H	B

ANT
KUDAN ZUMA
ƘWARO
BUƊE IDO
CICADA
JARUWA
KWARI
KWANKWASO

LADYBUG
TSUTSA
FARA
MANTIS
SAURO
ASU
KWARI, KWARO
ZANZARO

41 - Astronomy

B	W	U	H	I	Y	C	A	I	D	O	Z	D	M	C	V
C	A	K	O	R	X	O	N	I	U	Q	E	U	P	E	I
V	T	Y	K	O	E	S	P	I	L	C	E	N	G	V	F
Z	A	X	A	K	A	M	M	O	U	O	M	I	X	H	R
S	W	A	X	N	Y	O	T	J	S	S	I	Y	K	G	K
U	N	L	D	L	I	S	V	O	W	H	W	A	M	C	M
N	L	A	V	O	N	R	E	P	U	S	I	R	J	Y	U
O	E	G	Q	S	U	M	A	I	S	A	N	A	R	W	A
J	B	B	E	U	D	A	S	T	E	R	O	I	D	W	P
M	P	T	U	W	L	L	N	A	I	G	P	O	T	U	I
L	E	M	U	L	E	U	K	Z	F	Q	N	Z	K	K	L
Z	V	R	Y	O	A	Q	R	O	E	T	E	M	V	F	A
A	T	H	U	J	X	C	I	A	R	A	D	A	D	I	J
M	A	K	A	R	K	A	S	H	I	Y	A	S	A	M	A
V	P	H	A	A	B	H	S	C	C	P	R	M	P	I	Y
H	A	S	K	E	N	R	A	N	A	V	Y	R	Q	M	M

ASTEROID
BAYANI
MAI SANARWA
MAKARKASHIYA
COSMOS
DUNIYA
ECLIPSE
EQUINOX
GALAXY
METEOR
WATA
NEBULA
LURA
DUNIYAR
RADADI
ROKA
SAMA
HASKEN RANA
SUPERNOVA
ZODIAC

42 - Health and Wellness #2

N	Z	D	Y	E	O	B	P	B	E	K	P	A	H	Y	D
U	K	M	K	C	Y	D	O	I	X	A	B	B	V	C	A
N	R	E	E	X	C	K	C	B	G	L	I	I	T	J	M
A	B	T	F	H	P	R	A	H	R	O	T	N	A	B	U
A	N	A	T	O	M	I	Y	Y	A	R	A	C	U	U	W
Y	T	F	D	O	S	J	Y	N	D	I	M	I	S	S	A
I	V	U	K	R	J	R	J	I	N	I	I	K	A	H	G
F	O	T	C	C	K	E	Q	F	F	Z	N	F	X	E	D
A	S	T	F	E	L	L	A	F	A	D	A	W	A	W	U
L	N	I	U	Z	G	A	S	B	W	B	B	G	G	A	Y
C	K	L	B	J	O	P	I	Q	R	A	T	U	C	V	R
V	I	A	N	M	L	C	B	P	A	V	W	F	V	H	Q
C	X	H	R	D	B	Y	I	L	Y	W	M	F	S	C	K
D	H	E	Z	F	C	V	T	T	I	K	R	A	S	T	V
E	Q	H	F	B	I	D	I	M	C	B	O	E	X	W	J
G	B	S	K	U	P	G	R	D	P	R	M	F	N	N	O

ALERJI
ANATOMIYYA
CI
JINI
KALORI
BUSHEWA
ABINCI
CUTA
KARFI
HALITTU

LAFIYA
ASIBITI
TSARKI
CUTAR
TAUSA
CIYARWA
FADAWA
DAMUWA
BITAMIN
NUNA

43 - Disease

R	M	Z	J	P	N	J	H	K	U	Q	J	S	E	C	H
I	Q	D	L	I	K	I	C	A	I	P	I	B	L	U	U
G	P	D	W	H	K	V	O	V	L	N	N	O	B	T	K
A	J	C	S	S	Q	I	K	S	E	I	I	W	H	A	U
K	W	Q	Q	A	Z	U	C	I	Y	A	T	H	C	R	N
A	A	G	O	K	A	T	A	K	Z	Y	H	T	F	W	C
F	Y	A	D	U	W	A	X	E	I	I	J	G	A	A	I
I	I	P	I	R	R	M	K	G	C	F	P	M	B	W	F
S	K	F	V	O	S	A	S	B	L	A	Y	L	W	J	Z
O	T	M	E	H	K	G	O	P	V	L	B	O	I	F	U
G	I	U	I	N	U	A	R	S	W	H	E	C	Q	Q	S
H	U	K	Y	H	Y	N	P	J	P	Q	N	D	H	J	S
U	W	P	N	H	N	I	A	C	I	W	O	D	A	G	X
Z	G	J	Q	U	Q	I	R	J	S	H	M	O	A	L	S
H	O	K	Y	U	T	M	A	R	L	H	J	K	M	N	X
K	M	Y	L	G	T	D	E	Q	Q	A	E	W	F	F	O

CIKI
ALJANU
JIKI
KASHI
YADUWA
HALITTA
LAFIYA
ZUCIYA
GADO
RIGAKAFI
CUTARWA
KATAKO
JINI
HUKUNCI
CIWO
MAGANI
RAUNI

44 - Time

H	B	L	O	Z	N	W	I	S	J	O	F	E	M	W	D
H	Q	A	N	J	I	M	A	N	J	T	Z	Z	V	A	C
D	S	Y	O	F	T	K	H	H	V	C	S	L	E	T	M
N	D	I	V	S	A	L	S	R	K	F	O	S	W	A	B
I	G	J	K	A	S	X	V	A	Y	O	W	R	Q	E	J
V	P	G	L	F	B	U	Z	N	A	Y	K	K	M	L	Y
T	V	Y	C	E	R	A	D	A	A	D	K	A	A	K	E
I	B	D	Z	B	V	Y	G	K	S	Y	W	H	R	D	C
Q	W	N	Y	O	G	O	G	A	G	B	A	D	A	N	W
X	Q	K	G	G	M	R	X	E	O	C	N	B	K	V	I
U	Y	I	R	F	R	K	S	F	C	K	S	D	E	N	T
Y	M	O	K	M	K	A	L	A	N	D	A	E	H	V	N
Y	E	X	A	W	E	P	E	S	E	I	M	L	S	O	I
W	V	I	H	C	Z	Q	P	I	L	O	K	A	C	I	M
X	B	H	N	N	W	S	Z	R	R	A	A	D	G	S	I
L	N	J	Z	Z	I	K	K	P	C	S	G	R	F	F	P

BAYAN
SHEKARA
A DA
KALANDA
KARNI
AGOGO
RANA
GABA
SAA
MINTI

LOKACI
WATA
SAFE
DARE
YANZU
ANJIMA
YAU
GOBE
SATI
JIYA

45 - Buildings

F	F	A	G	D	N	D	E	P	J	H	J	Z	N	O	D
A	I	E	G	A	R	E	J	I	A	R	D	O	T	A	K
P	A	L	S	J	K	N	L	H	M	L	V	D	W	R	C
A	S	T	I	E	B	Y	Z	E	I	Z	A	P	B	U	K
R	I	S	B	N	Y	U	W	F	A	V	G	T	M	L	B
T	B	A	T	K	W	L	S	K	Y	K	E	O	F	J	A
M	I	K	L	T	R	A	T	N	A	R	A	K	A	M	B
E	T	B	I	T	A	J	S	C	W	G	M	R	D	S	B
N	I	K	Q	T	K	G	K	A	J	I	I	A	A	S	A
T	C	H	G	L	F	T	A	N	T	I	N	F	K	Y	N
H	A	S	U	M	I	Y	A	N	U	O	I	X	A	P	K
V	P	N	X	X	R	W	G	T	O	G	S	P	J	D	A
W	Q	M	W	B	H	L	W	T	V	G	E	I	K	I	N
A	U	Q	O	U	O	G	I	D	A	K	K	D	O	O	T
Q	K	Z	D	A	O	F	Z	X	Y	H	X	O	N	H	I
O	T	A	L	R	B	M	A	O	Z	A	K	S	G	G	M

APARTMENT
YARA
GIDA
KASTLE
KATODRA
SINIMA
JAKADA
FARKO
GONA
GAREJI

ASIBITI
OTAL
LURA
MAKARANTA
FILIN WASA
BABBAN KANTI
TANTI
HASUMIYA
JAMI'A
BITA

46 - Philanthropy

S	K	A	R	I	M	C	I	X	Y	O	R	V	G	A	M
V	H	K	I	V	N	G	I	A	M	Z	A	Q	A	B	T
Q	L	I	D	U	K	B	R	M	R	Y	W	Z	S	E	H
C	A	R	R	K	C	R	Q	G	H	T	S	N	K	U	T
B	S	U	M	Y	L	L	Y	U	I	K	K	K	I	X	W
K	Q	B	F	T	E	A	D	I	B	Q	D	B	Y	O	B
N	P	G	X	A	N	S	B	N	K	U	U	C	A	N	C
S	C	I	P	R	A	K	H	A	F	O	N	C	F	T	D
K	E	N	G	I	T	Y	M	I	R	H	I	Q	U	H	I
F	U	I	G	H	U	P	A	B	R	I	Y	A	N	Y	B
F	S	R	N	I	M	O	D	C	U	Y	A	A	A	E	K
K	A	V	U	B	U	K	A	T	A	T	E	L	M	R	W
Y	A	R	A	N	Z	G	N	C	E	E	Q	U	L	V	O
N	N	O	O	K	I	T	A	W	S	I	H	M	E	Q	K
M	A	T	A	S	A	Y	D	T	B	L	M	M	W	Z	G
J	A	M	A	A	T	I	A	A	T	A	V	A	Q	N	E

YARA
AL'UMMA
LABARI
KUDI
KARIMCI
DUNIYA
BURI
KURUNIYA
TARIHI
GASKIYA
DAN ADAM
MANUFA
BUKATA
MUTANE
SHIRYE-SHIRYE
JAMA'A
MATASA

47 - Gardening

Y	T	L	P	J	E	V	W	B	M	W	B	O	V	G	T
A	N	G	O	Q	B	Y	H	O	N	A	L	I	P	X	K
Y	F	M	X	K	K	S	K	T	G	W	F	T	H	H	F
I	V	K	L	Y	A	M	Z	A	M	U	P	I	W	C	T
N	K	F	I	M	T	C	B	N	D	R	C	Y	T	E	I
D	V	N	F	H	B	P	I	I	Z	J	D	Q	F	A	E
A	K	F	W	M	C	T	J	C	A	B	A	P	O	U	I
K	W	C	I	K	M	K	K	A	V	T	J	J	J	B	C
L	G	T	D	X	P	C	K	L	A	L	G	D	H	C	E
X	O	Y	U	M	X	H	V	D	W	N	N	K	O	I	G
H	V	T	T	K	V	U	E	R	U	F	O	T	D	Y	A
K	U	E	R	S	K	Y	D	A	N	S	H	I	A	A	N
B	C	U	H	C	A	N	N	H	A	M	S	S	T	R	Y
K	W	A	N	T	A	R	M	C	R	U	B	A	T	W	E
W	N	X	E	R	B	A	I	R	J	N	G	S	A	A	H
Y	O	S	T	E	U	Q	U	O	B	T	I	Y	O	I	I

BOTANICAL
BOUQUET
YAYINDA
RUBA
KWANTA
DATTA
CIYARWA
MAFITA
FURE
GANYE
TIYO
DANSHI
ORCHARD
LOKACI
TSARI
RUWA

48 - Herbalism

F	U	R	E	B	G	Q	G	Z	C	S	Q	D	I	N	Y
X	M	V	E	Z	W	K	B	Z	H	J	Z	Y	Y	A	U
S	U	N	A	D	A	R	A	I	N	A	F	M	A	A	D
T	X	G	W	K	K	T	A	R	R	A	G	O	N	N	K
W	X	X	U	D	U	J	U	O	B	L	D	Y	I	A	Y
Y	O	Z	N	Y	H	P	G	Z	D	S	N	N	L	Q	A
J	E	E	R	K	S	J	P	C	N	D	C	W	U	F	U
S	A	C	A	G	M	X	Z	U	K	X	M	R	C	Q	T
Q	U	K	F	F	U	R	A	W	Y	C	V	M	X	Z	A
L	X	A	A	N	A	U	I	N	F	U	R	E	R	O	K
O	A	F	T	F	S	P	B	E	O	N	A	G	E	R	O
W	L	M	A	D	X	P	B	P	G	R	F	I	K	N	X
M	O	K	B	S	J	H	J	E	Y	Q	F	D	G	F	X
D	A	D	I	U	K	T	H	Y	M	E	P	F	N	K	M
E	B	S	N	K	N	I	H	S	N	A	K	I	A	M	E
M	A	R	J	O	R	A	M	S	K	M	E	F	I	S	Y

MAI KANSHI
DA AMFANI
CULINA
DADI
FURA
LAMBUN
TAFARNUWA
KORE
SUNADARAI
NAU'IN FURE
MARJORAM
NA'ANA
OREGANO
FASKI
SHUKA
KYAUTA
FURE
SAFFRON
TARRAGON
THYME

49 - Vehicles

T	D	S	B	X	X	I	P	I	S	T	B	W	H	H	G
N	A	V	A	R	A	C	G	L	W	X	D	C	E	W	N
A	T	K	B	R	V	I	D	U	B	F	O	R	L	M	S
V	K	K	S	A	B	Q	A	Q	T	T	K	D	I	I	X
K	A	O	T	I	F	N	I	G	R	I	J	C	K	N	H
F	R	N	W	M	A	S	C	O	O	T	E	R	A	J	T
A	A	S	H	S	T	M	B	I	V	Q	C	R	F	I	H
E	T	X	B	P	O	N	A	G	Z	O	L	W	T	N	O
Q	P	P	U	D	M	E	O	S	W	A	S	K	A	A	P
G	I	J	A	E	V	Z	Q	C	N	Y	Z	G	V	Q	S
X	W	M	I	O	T	T	K	L	E	I	R	E	R	I	W
O	L	U	A	C	H	A	P	G	K	L	G	X	R	N	S
U	H	W	R	K	L	Y	A	M	E	L	Z	R	C	J	N
B	D	S	K	S	T	A	R	O	K	A	A	F	I	H	S
X	O	W	K	B	O	A	O	Q	E	W	I	N	T	J	P
Q	D	U	T	P	R	J	B	S	K	K	A	N	H	O	O

JIRGIN SAMA
KEKEKE
KWALLIYA
BAS
CARAVAN
INJIN
JIRGIN FITO
HELIKAFTA
MOTA
ROKA
SCOOTER
TAKSI
TAYA
TARAKTA
VAN

50 - Health and Wellness #1

U	A	K	S	M	N	M	T	L	S	Z	B	J	X	K	K
J	T	U	E	I	X	K	H	O	R	O	N	A	O	C	W
V	I	N	A	G	A	M	N	I	T	N	A	K	P	N	A
Q	K	Y	B	O	T	L	I	N	Y	F	F	X	P	I	Y
W	I	A	Y	R	A	K	U	A	S	A	K	L	Z	O	O
K	L	W	S	A	F	K	O	G	C	I	P	F	P	I	Y
U	V	R	I	H	Q	H	B	A	N	K	O	M	L	K	I
K	E	A	N	T	I	K	X	M	P	I	A	K	M	T	N
A	U	K	Z	D	H	A	L	I	J	A	N	A	D	A	C
K	K	U	P	G	R	J	K	T	N	Q	Q	H	W	X	U
U	E	A	U	K	K	K	E	I	Y	U	O	F	P	O	T
B	V	S	T	S	A	Y	I	B	Q	W	R	Z	J	E	A
X	J	Y	U	N	W	A	X	I	I	D	O	I	U	N	Y
J	I	J	I	Y	O	Y	I	S	M	A	S	J	G	P	M
A	H	M	W	O	F	P	H	A	K	A	T	X	X	F	Y
R	G	K	W	A	Y	A	R	C	U	T	A	J	Y	Y	L

AIKI
KWAYOYIN CUTA
KASHI
ASIBITI
LIKITA
KARYA
HALI
TSAYI
HORONA
YUNWA
RUNI
TSORO
JIJIYOYI
KANTIN MAGANI
SAUKARWA
JANADA
FATA
MAGANI
JIYYA
KWAYAR CUTA

51 - Town

B	O	T	A	L	M	I	G	M	A	D	I	Y	K	F	J
A	M	A	K	A	R	A	N	T	A	Y	P	X	A	I	I
N	W	E	N	Q	F	L	D	T	W	M	I	L	S	L	R
K	W	U	O	T	X	D	C	Z	E	O	N	R	I	I	G
I	E	B	L	K	K	Q	J	Y	I	E	A	G	N	N	I
G	N	X	M	U	K	D	I	L	L	X	G	I	L	W	N
D	A	G	E	Y	F	K	A	S	U	W	A	D	I	A	S
Y	H	L	K	K	D	W	S	L	P	T	M	A	T	S	A
I	R	N	L	U	K	V	D	I	U	F	N	N	T	A	M
K	N	V	N	E	B	A	I	C	C	S	I	B	A	I	A
Z	O	O	O	K	R	S	T	A	L	H	T	U	F	J	L
B	K	S	O	Z	Z	Y	I	C	T	A	N	R	I	A	A
V	O	O	U	M	B	L	B	N	H	G	A	O	X	M	B
U	F	V	N	R	Z	L	I	E	I	O	K	D	S	I	A
F	J	T	J	E	W	A	S	J	L	M	G	I	E	A	R
B	A	B	B	A	N	K	A	N	T	I	A	H	S	V	I

JIRGIN SAMA	LABARI
GIDAN BURODI	KASUWA
BANKI	KANTIN MAGANI
KASIN LITTAFI	MAKARANTA
SINIMA	FILIN WASA
ASIBITI	SHAGO
FULUWA	BABBAN KANTI
GALLERY	JAMI'A
OTAL	ZOO

52 - Antarctica

K	B	M	M	V	A	D	V	Q	E	M	L	J	C	A	H
E	A	T	U	A	Y	K	L	E	S	H	O	H	K	Z	B
I	G	U	I	B	Q	E	D	W	H	E	Y	A	Y	I	K
X	N	B	R	J	T	S	U	N	T	S	A	Y	E	W	G
L	T	Z	N	A	Q	T	Z	I	A	N	G	Y	V	K	A
T	B	J	G	A	N	U	N	F	F	L	X	I	O	Q	S
P	A	J	Y	L	G	D	W	A	Q	B	S	M	C	M	K
N	L	K	T	U	J	X	M	Z	Z	X	T	I	H	A	I
A	A	P	N	S	A	K	S	U	Y	R	Y	K	F	I	Y
H	G	K	A	N	K	A	R	A	H	V	V	U	R	B	A
I	U	S	R	I	X	O	E	C	Q	A	C	V	U	I	R
Y	R	G	H	N	S	Y	I	O	H	L	L	M	W	N	K
A	O	M	B	E	Y	I	C	G	B	A	Y	L	A	C	A
Q	I	Y	Q	P	N	S	A	D	W	E	N	M	I	I	S
Y	G	F	V	Q	B	P	L	V	M	P	B	Q	W	K	A
X	L	R	F	E	J	I	G	R	I	G	Z	V	N	E	T

BAY
TSUNTSAYE
GIRGIJE
KIYAYE
NAHIYA
COVE
MUHALLI
BALAGURO
GASKIYAR KASA
GLACIERS
KANKARA
ISLAND
KAURA
PENINSULA
MAI BINCIKE
DUTSE
KIMIYYA
ZAFIN
KYAUTA
RUWA

53 - Human Body

V S G D X U U Q C J E G G K U D
G M H L U P U U H A N N U V V L
G W I W A S T A Y K N I Ƙ T N T
L E C D X W I T E S U K C R J V
A Q N J N H P U T U K A T A F R
J R A Q V I G W F F V B B P D Z
U E H K R E G Ƙ K W A L L I Y A
G M U Ƙ A M U Ƙ I K A F A P F M
D O V L H L J U G H M U K S I B
H O B O L R F R D N A C A D Y V
R A I K Z G K N D L G I I L P L
Q O I I I T Ƙ E C X A L U D T P
K A S H I N I U G M W O J M P G
F I Ƙ W D S C F Ƙ N U L L I W O
Z U C I Y A U H M Y Y G K S N L
T K A F A D A P Ƙ A A A S J B I

WUTA
JINI
KASHI
KWALLIYA
CIN
KUNNE
GINDI
FUSKA
YATSA
HANNU

KAI
ZUCIYA
MUƘAMUƘI
GWIWA
KAFA
BAKI
WUYA
HANCI
KAFADA
FATA

54 - Musical Instruments

J	K	P	B	E	N	O	H	P	O	X	A	S	C	E	F
O	Q	V	N	H	B	A	B	Z	N	E	T	V	F	W	F
N	E	M	A	U	E	A	U	Z	S	V	I	L	T	R	I
J	Y	V	K	O	O	J	X	R	V	X	O	P	S	G	W
N	M	M	A	R	I	M	B	A	A	J	T	E	O	B	O
G	O	N	G	T	S	O	R	O	T	R	C	N	R	H	K
S	J	O	N	A	Y	I	F	M	I	O	K	A	O	L	A
A	N	M	A	X	G	G	K	R	A	O	T	I	N	H	K
R	A	P	G	K	R	A	B	J	G	N	C	U	D	O	A
E	B	C	U	C	W	R	L	B	L	R	D	F	Q	A	K
W	K	G	S	Q	Y	A	B	R	A	Y	Z	O	L	B	I
A	A	V	S	H	O	Y	T	A	Z	A	L	L	L	H	V
F	A	R	U	W	A	A	U	F	B	N	I	L	O	I	V
M	G	U	I	T	A	R	R	F	Q	P	B	E	H	X	N
B	I	N	H	E	E	A	Z	D	I	P	O	C	V	X	Z
O	N	B	M	W	G	R	Y	Z	S	X	I	Q	J	Z	C

BANJO
ALGAITA
CELLO
SAREWA
GANGA
FARUWA
GONG
GUITAR
GARAYA
MANDOLIN
MARIMBA
OBOE
TSORO
FIYANO
SAXOPHONE
NAU'RAR KIDA
TSORON
KAKAKI
VIOLIN

55 - Fruit

B	E	N	I	R	A	T	C	E	N	U	G	I	O	A	A
J	O	I	A	B	R	A	B	A	N	U	G	X	N	K	P
D	Q	K	O	U	J	Z	K	A	B	D	V	K	Z	A	P
P	E	A	C	H	I	R	E	C	P	E	A	R	J	K	L
P	Z	C	W	F	U	N	M	A	N	G	O	R	O	F	E
F	Z	J	D	G	E	V	T	O	C	I	R	P	A	I	A
U	I	R	E	B	S	A	R	U	Z	P	U	X	G	Y	Y
M	E	G	N	H	U	B	B	C	F	C	K	S	B	A	A
I	M	A	S	T	N	U	M	E	L	F	P	O	Y	R	B
V	N	Y	P	I	H	Y	Y	K	K	E	A	W	S	A	A
P	E	A	D	N	A	W	G	O	T	D	Q	V	E	B	K
A	H	U	B	C	B	K	L	W	U	U	N	O	R	A	W
T	S	K	Q	I	Y	G	V	I	X	I	Q	C	P	K	A
R	K	F	G	K	S	A	D	O	O	Q	Z	H	F	A	K
F	C	G	U	A	W	A	W	C	W	O	Q	U	Y	D	W
K	I	W	I	S	H	U	L	A	T	N	D	M	A	O	A

APPLE
APRICOT
FIYAR ABAKADO
AYABA
NAU'IN TUFFA
CERI
KWAKWA
FIG
INABI
GUAWA
KIWI
LEMUN TSAMI
MANGORO
GUNA
NECTARINE
GWANDA
PEACH
PEAR
ABARBA
RASBERI

56 - Engineering

M	G	A	A	Z	S	L	S	I	O	K	N	L	P	I	S
M	O	T	A	W	U	R	I	L	M	D	W	M	T	S	J
K	B	I	N	W	W	A	J	S	Q	Y	R	A	P	W	O
E	O	M	A	N	N	O	N	J	S	R	I	I	N	O	C
D	J	A	W	J	T	M	I	K	F	A	Y	G	Y	C	V
R	B	I	K	P	K	Q	E	W	Z	S	F	N	A	I	E
T	A	D	E	S	E	L	K	A	R	F	I	I	D	N	N
U	H	B	F	Y	K	Y	T	K	K	X	F	D	U	J	A
B	W	A	U	K	L	L	B	H	N	V	R	H	W	I	Z
U	S	U	Y	W	Y	U	N	D	G	A	U	M	A	N	T
G	I	N	I	R	A	S	T	V	T	U	Z	W	V	G	R
C	S	I	W	R	S	U	U	A	R	N	K	N	V	L	J
L	K	Q	J	K	O	D	A	H	U	A	G	Q	F	Q	S
W	A	T	F	Q	R	V	F	V	F	U	T	D	H	S	O
G	I	Y	A	A	A	Y	K	W	A	H	R	T	K	V	X
K	T	A	R	Y	K	K	P	C	C	M	F	D	Y	Y	M

KWANA
AKSIS
LISSAFI
GINI
ZURFI
ZANE
DIAMITA
DESEL
RABUWA
KARFI

INJIN
GIYA
KODA
RUWA
INJI
AUNA
MOTA
YADUWA
KWANCE
TSARI

57 - Kitchen

X	O	U	C	S	K	P	C	B	W	N	T	R	Z	R	W
U	G	D	O	S	O	S	P	G	U	M	O	A	K	D	U
K	K	R	N	A	O	I	B	V	J	T	T	N	N	J	K
G	I	L	A	S	H	I	C	N	I	B	A	U	S	A	A
K	K	O	W	S	J	T	Y	B	J	M	B	F	T	G	G
S	R	K	K	R	A	Q	K	J	I	S	A	O	J	K	I
B	I	Y	S	G	U	G	S	D	R	V	G	K	B	T	S
K	G	C	O	K	A	L	I	B	I	T	S	U	M	M	A
I	R	Q	K	M	P	P	V	R	F	B	T	H	H	F	Y
P	E	R	A	F	J	H	A	F	K	K	Y	A	U	T	A
W	Y	K	C	S	U	O	T	C	D	S	B	W	Z	X	K
C	Z	N	V	V	G	C	D	E	X	U	Q	J	Z	B	U
L	I	P	N	M	I	K	Z	W	O	C	K	I	O	N	L
K	K	B	O	B	W	K	H	A	P	T	P	W	R	W	R
B	O	E	M	D	Q	W	A	E	Q	H	E	K	Q	W	R
J	F	Z	V	L	Z	P	O	P	U	Z	B	R	Z	H	A

GABA
KWANO
KOFUNA
ABINCI
KYAUTA
GASA
GILASHI
JUG
BUTA
WUKA
TSUMMA
TANA
GIRKI
FIRIJI
SOSO
COKALI

58 - Government

Y	N	Q	O	F	F	L	G	M	Z	R	L	D	V	A	Q
Z	A	K	O	D	G	Y	L	A	B	A	G	U	H	S	X
I	C	N	U	K	U	H	K	G	Z	H	U	R	M	H	T
C	K	V	K	T	S	H	C	A	T	I	A	D	I	A	D
N	L	L	Q	A	A	I	E	N	R	J	L	K	Y	Y	I
A	M	A	L	A	S	T	Y	A	A	B	U	P	A	Y	T
Y	M	U	L	K	I	A	T	A	K	D	H	V	N	I	Y
A	Y	U	U	V	D	P	S	A	S	X	R	K	C	D	X
K	E	T	T	P	R	K	D	H	U	A	A	U	I	A	Q
K	K	V	U	W	U	Z	Y	M	E	N	R	V	O	R	U
J	A	D	I	T	U	L	T	L	O	K	A	X	V	U	K
B	S	Z	S	S	S	W	L	Y	Y	P	F	W	S	K	Z
Q	A	C	Q	L	Y	D	P	I	C	L	A	D	A	O	X
A	B	I	N	T	U	N	A	W	A	D	N	B	Z	M	F
Q	H	E	O	C	K	Z	P	A	W	Z	G	E	X	I	V
S	R	A	R	T	H	W	U	Q	T	Q	P	O	V	D	I

YAN KASASHE
NA FARAR HULA
MULKI
DIMOKURADIYYA
TATTAUNAWA
DAIDAITA
YANCI
HUKUNCI
ADALCI
DOKA
SHUGABA
'YANCI
ABIN TUNAWA
KASA
SIYASA
MAGANA
JIHAR
ALAMA

59 - Art Supplies

T	Y	N	K	G	G	O	G	E	W	A	W	A	R	E	K
G	A	T	Z	T	X	C	I	L	Y	R	C	A	Y	U	A
F	M	W	C	S	T	N	G	M	H	E	Y	R	N	D	J
I	A	W	A	Q	K	Y	E	A	K	J	C	A	J	D	K
R	N	T	E	D	I	U	S	I	M	U	T	M	B	S	R
T	N	T	A	X	A	M	Z	C	H	K	G	A	R	P	U
E	E	D	R	K	L	B	K	I	E	S	I	K	E	O	L
B	S	C	A	I	A	U	F	L	V	K	Z	B	G	C	T
U	Y	X	A	W	U	R	J	Q	X	V	J	M	H	G	V
R	W	N	Y	C	A	S	D	Q	T	B	H	B	T	Q	E
F	M	B	O	X	F	I	K	A	J	W	P	R	G	U	J
F	Z	Q	Y	X	F	U	S	K	A	Z	G	V	D	M	P
V	E	N	I	L	K	Z	O	E	V	I	S	F	F	K	C
D	Z	N	Q	G	M	C	K	O	K	O	E	W	R	L	C
Q	Q	S	Q	X	V	U	V	B	J	L	U	Y	U	A	T
G	O	G	E	N	K	D	I	J	T	Z	T	Z	D	V	E

ACRYLIC
GOGE
KAMARA
KUJERA
YUMBU
KERAWA
GOGEWA
MANNE
RA'AYOYI
TAWADA
MAI
TAKARDA
FUSKA
TEBUR
RUWA

60 - Science Fiction

D	X	N	R	H	E	I	J	F	F	L	F	E	J	K	T
Y	U	O	D	O	A	H	A	S	A	F	P	L	L	N	D
E	I	N	C	F	V	S	M	W	N	P	J	C	K	D	B
N	B	W	I	G	Y	Z	S	L	I	T	T	A	F	A	I
D	H	H	R	Y	X	A	L	A	G	M	D	R	P	I	A
I	Z	J	U	S	A	Z	B	B	D	G	Z	O	H	Z	W
S	Z	M	I	B	C	R	S	K	X	A	D	A	M	A	U
T	W	O	K	K	L	A	K	I	M	E	K	I	K	M	T
O	I	H	T	W	V	O	E	O	R	D	X	P	M	I	A
P	G	A	B	A	T	A	R	W	A	R	M	O	S	N	Y
I	H	Y	J	G	Q	Q	Y	K	I	N	I	T	L	I	I
A	T	Y	E	F	J	R	C	V	Y	H	O	C	W	S	N
V	R	P	S	B	F	O	A	E	P	Z	F	N	U	O	U
Z	D	O	Q	W	K	X	H	D	N	F	Z	K	S	I	D
C	S	W	G	A	T	O	M	I	C	Y	F	A	X	S	F
V	L	V	U	F	A	F	N	F	C	J	S	O	Y	E	I

ATOMIC
LITTAFAI
KEMIKAL
SINIMA
DISTOPIA
DAMA
WUTA
GABATARWA
GALAXY
HASSADA
SIRRI
ORACLE
DUNIYAR
FASAHA
TOPIA
DUNIYA

61 - Geometry

M	S	H	R	U	Y	J	W	D	K	M	G	F	D	F	I
Z	G	V	T	Z	O	E	L	L	W	U	C	O	L	O	L
Y	T	L	H	A	W	J	S	A	A	M	R	I	G	J	A
M	F	T	E	O	R	A	T	D	N	M	L	R	B	X	W
R	M	U	R	A	B	B	A	I	A	K	A	R	Y	A	U
S	K	R	Z	I	L	A	S	A	F	M	H	W	Q	H	T
A	H	A	V	N	W	B	R	K	T	A	S	A	U	K	I
S	I	B	Q	O	C	M	I	T	C	S	S	V	F	F	A
H	B	A	C	N	O	A	T	T	A	S	A	S	Q	K	D
E	S	D	M	Y	N	L	T	P	P	Y	H	Y	I	B	I
M	A	T	A	K	I	D	I	A	M	I	T	A	I	L	A
K	K	Y	G	A	L	W	A	T	I	K	A	U	D	M	D
X	Y	N	E	R	M	P	E	M	N	B	V	M	T	O	V
U	K	E	J	I	G	Z	H	F	O	Z	E	D	W	Q	P
I	O	N	Z	C	Z	P	A	M	W	D	A	I	R	A	Y
L	D	M	Y	L	T	V	P	K	T	K	U	E	N	F	N

KWANA
LISSAFI
DA'IRA
KARYA
DIAMITA
GIRMA
DAIDAITUWA
TSAYI
DABARU
TARO
LAMBA
MATAKI
RABO
SASHE
MURABBA'I
SAUKI
FASALI
KA'IDA
ALWATIKA

62 - Airplanes

N	L	B	W	U	K	R	E	C	E	R	H	H	K	U	X
J	I	L	U	G	R	D	I	V	I	N	I	Y	A	S	T
X	I	W	S	T	D	T	W	K	T	K	D	E	M	A	D
B	Y	E	L	K	X	D	V	M	C	F	R	Y	X	P	K
N	A	W	U	D	A	K	E	T	E	R	O	S	Z	P	Q
O	N	L	N	K	X	Z	N	O	E	C	G	I	J	J	L
W	A	J	A	W	G	M	U	N	K	K	E	P	Z	J	H
L	Y	M	E	N	A	Z	N	C	A	B	N	G	V	V	T
T	J	W	V	L	B	J	J	I	I	K	K	L	G	A	A
T	S	A	W	O	S	A	N	G	N	Y	I	H	P	Y	R
F	K	R	Z	Y	A	U	L	X	I	J	A	K	S	I	I
A	A	Z	R	S	M	K	K	A	G	I	I	E	B	G	H
S	X	C	K	Z	A	C	G	D	N	R	T	N	S	N	I
I	J	Q	S	A	U	K	O	W	A	G	V	F	S	U	J
R	A	T	A	F	E	G	V	V	K	H	D	L	E	K	B
I	S	A	R	A	D	H	A	U	K	A	N	K	O	G	I

KADUWA
ISKA
TSAWO
YANAYI
BALAN-BALAN
GINI
KUNGIYA
ZUCIYA
ZANE
DARASI
INJIN
FATAR
TSAYI
TARIHI
HIDROGEN
SAUKOWA
FASIRI
SAMA
HAUKAN KOGI

63 - Ocean

F	E	A	G	L	A	Y	I	G	U	U	H	W	M	L	U
I	F	W	C	U	K	A	W	A	X	J	K	S	U	W	A
K	F	U	J	C	G	E	E	R	A	T	U	Y	R	A	M
R	V	G	E	I	T	U	X	V	S	S	N	V	J	L	R
A	K	A	Q	B	H	D	W	P	V	I	K	F	A	E	R
H	T	K	V	D	K	L	O	A	T	A	U	T	N	O	I
S	S	I	E	O	P	B	S	L	P	S	N	A	I	Z	R
N	T	M	R	K	P	G	O	D	P	U	N	N	R	L	C
I	B	R	Z	H	R	M	S	T	U	H	A	U	I	K	U
F	J	A	T	A	N	L	A	N	D	E	I	T	H	G	B
I	R	B	N	J	R	O	Q	R	P	I	F	N	S	X	O
K	W	A	L	L	I	Y	A	S	L	N	I	I	I	D	I
J	R	W	O	A	T	F	T	W	I	M	K	F	G	Z	Z
H	U	N	K	M	F	A	K	K	V	L	M	I	E	S	B
Y	S	A	T	R	L	P	Z	X	J	N	S	K	C	E	T
Z	Q	N	H	U	K	S	F	K	M	B	T	F	G	X	R

ALGAE
KWALLIYA
MURJANI
KAGUWA
DOLPHIN
GIYA
KIFI
KAWA
REEF

GISHIRI
KIFIN SHARKI
JATAN LANDE
SOSO
GUGUWA
KIFIN TUNA
KUNKUN
WALE

64 - Birds

B	F	S	P	V	R	R	V	B	H	D	P	E	N	Z	D
S	T	O	R	K	W	M	Y	J	X	Y	F	P	T	J	B
I	H	X	V	M	E	H	Ƙ	D	R	R	V	E	X	S	L
R	K	E	Y	M	T	Ƙ	F	H	L	E	C	N	Z	B	M
M	H	S	R	Z	K	A	L	Ƙ	O	F	B	G	A	T	A
I	Q	O	A	O	P	I	A	W	Ƙ	Z	K	U	Y	E	E
M	E	O	N	A	N	I	M	I	J	T	P	I	I	W	O
I	L	G	A	N	A	C	I	L	E	P	V	N	C	O	W
K	N	P	C	I	W	L	N	I	T	M	I	A	R	O	L
I	P	A	U	K	S	Y	G	N	R	B	S	C	U	K	I
Y	H	V	Y	S	B	X	O	K	Y	T	V	U	K	C	F
A	Z	A	K	A	K	U	E	Q	Z	R	C	O	S	U	Ƙ
S	M	N	I	W	B	K	N	V	A	D	O	T	D	C	Z
H	H	Q	H	K	U	O	T	Q	A	Z	B	E	T	U	U
X	F	P	M	V	U	N	V	R	J	K	G	B	Q	R	K
Q	M	U	Ƙ	N	Q	O	F	A	E	V	X	C	B	E	I

CANARY
KAZA
COW
CUCKOO
KURCIYA
DUK
MIKIYA
ƘWAI
FLAMINGO
GOOSE
HERON
JIMINA
AKU
KWASKI
PELICAN
PENGUIN
BAYANI
STORK
SWAN
TOUCAN

65 - Nutrition

K	Y	S	J	I	S	I	Z	U	R	A	J	K	W	K	M
S	Q	N	T	W	B	M	K	R	M	O	V	W	C	J	O
C	A	R	B	O	H	Y	D	R	A	T	E	S	I	H	C
G	Q	R	C	C	X	I	K	A	T	A	M	X	Y	O	V
H	A	W	E	K	R	A	N	Y	I	E	V	E	A	R	U
O	W	N	U	R	O	A	U	I	A	Z	S	P	R	T	O
E	U	I	I	N	N	K	T	M	N	U	D	G	W	B	P
Z	R	Y	C	N	I	M	A	T	I	B	T	A	A	U	D
F	Z	O	P	E	J	X	M	L	X	H	P	A	Y	C	V
V	E	R	G	O	Q	I	H	R	O	K	A	K	I	G	T
N	I	A	L	A	R	W	N	F	T	R	J	U	F	U	V
L	V	N	Z	I	H	Y	K	I	U	H	I	D	A	D	S
L	Y	U	A	B	I	N	C	I	R	S	C	E	L	M	O
J	R	S	U	A	R	B	P	P	V	V	A	X	S	X	Z
S	I	N	U	N	A	T	T	L	S	U	D	X	D	C	F
V	F	F	G	S	L	Y	D	Z	Y	C	Y	A	Y	R	B

CI
MATAKI
DACI
KALORIES
CARBOHYDRATES
ABINCI
NARKEWA
CIYARWA
DADI
LAFIYA
RUWA
GANIN JINI
SUNAROYIN
KYAUTA
MIYA
TOXIN
BITAMIN
NUNA

66 - Hiking

J	F	D	Z	B	B	P	E	D	D	Y	K	P	C	Z	W
T	K	S	P	G	M	X	B	E	E	U	C	Q	A	L	K
Y	Z	I	U	K	F	J	W	T	U	K	T	K	E	K	X
D	U	W	A	T	S	U	L	A	Y	K	P	S	V	G	N
V	T	U	Q	K	K	Z	V	R	A	R	D	S	E	P	V
T	J	A	P	V	W	I	P	O	Y	X	T	K	X	K	H
I	A	F	P	R	U	W	A	N	I	Y	U	A	N	D	X
K	R	K	C	T	P	H	K	I	N	O	O	S	K	A	J
E	I	B	A	W	A	J	N	L	D	K	X	C	G	R	K
O	W	O	G	L	Y	Y	F	S	A	V	S	C	T	P	X
I	S	G	J	A	M	U	Z	U	C	M	K	K	Y	K	F
R	A	N	A	I	J	A	D	I	D	M	G	V	X	P	H
I	T	A	N	B	B	I	B	O	B	B	A	D	O	D	U
H	E	Z	Z	S	N	B	Y	C	R	C	V	N	A	M	I
S	R	U	F	E	B	A	N	A	A	E	O	E	N	G	Q
F	X	Q	C	W	U	D	I	F	A	K	G	E	H	R	M

DABBOBI
TAKALMA
ZANGO
YAYINDA
NAUYI
TASWIRA
DUTSE
DABI'A
JAWABI
SHIRI
DUWATSU
TARON
RANA
GAJIYA
RUWA
DAJI

67 - Professions #1

K	O	C	I	K	M	N	U	V	W	P	W	Y	E	E	M
B	Y	K	S	A	N	A	T	I	K	I	L	H	M	N	A
S	I	G	I	Y	W	D	I	K	N	A	B	A	A	L	F
M	B	B	T	A	X	A	D	S	S	K	L	H	L	A	A
A	U	J	K	N	B	K	R	D	A	L	E	T	A	L	R
I	D	A	P	A	N	A	X	I	S	N	E	O	M	Z	A
G	A	B	B	D	C	J	M	M	A	A	A	M	A	Q	U
I	M	A	L	O	K	L	K	L	J	M	R	R	I	Q	C
R	J	Y	E	D	I	T	A	I	N	X	X	K	W	K	I
M	L	Y	R	F	D	Y	K	N	K	H	O	Y	I	A	M
A	B	C	T	Q	O	K	G	I	L	K	K	J	V	G	P
Y	E	D	I	L	L	Y	Q	M	A	K	R	X	P	K	G
K	F	V	B	W	D	S	R	L	U	M	A	W	A	K	I
V	B	J	A	K	E	C	L	I	Y	A	M	O	D	U	T
M	A	I	Z	A	N	E	O	A	A	V	R	Q	M	F	U
D	A	N	V	E	T	E	R	I	N	A	R	J	I	B	X

JAKADAN
MAI SANARWA
LAUYA
BANKI
MAI ZANE
KOCI
MAI RAWA
LIKITA
EDITA
MAI GIRMA
MAFARAUCI
KAYAN ADO
MAWAKI
NAS
MADUBIYO
ILMIN ILMI
SARKI
MALAMAI
TELA
DAN VETERINAR

68 - Barbecues

L	K	L	Y	W	A	E	U	T	Y	K	I	C	L	R	L
T	C	X	A	L	X	D	S	A	P	A	K	U	W	L	U
E	Q	I	R	W	J	Z	A	F	I	A	Y	W	L	R	M
Y	M	K	A	W	U	N	A	Y	A	K	Q	A	Ɗ	I	K
D	D	A	J	J	X	Y	U	N	W	A	U	S	U	A	L
G	F	Z	M	E	M	H	B	A	Z	A	R	A	E	K	F
Y	L	A	V	Q	G	M	E	G	Y	Z	K	B	I	O	U
Q	Q	S	Y	M	R	V	N	A	Y	X	E	L	Z	B	T
R	F	R	S	I	R	I	H	S	I	G	J	A	K	A	B
M	T	C	O	N	M	T	G	A	D	I	Y	A	L	I	D
M	U	M	L	N	G	A	V	S	D	I	L	Y	A	L	O
Z	M	Q	G	A	S	L	R	B	H	T	N	H	Y	F	E
V	A	Y	D	S	U	A	J	E	W	L	C	D	K	Q	K
Z	T	P	B	A	S	S	A	B	I	N	C	I	I	K	M
U	I	S	L	W	O	Y	J	T	P	X	S	D	D	N	P
I	R	C	K	U	T	X	Y	I	T	F	A	S	Y	Q	Z

KAZA
YARA
DIN DIN
IYALI
ABINCI
ABOKAI
'YA'YA
WASANNI
GASA
ZAFI
YUNWA
WUKA
KIƊA
ALBASA
SALATI
GISHIRI
MIYA
BAZARA
TUMATIR
KAYAN UWA

69 - Chocolate

T	O	K	C	T	V	B	D	W	S	K	R	X	P	C	G
S	M	W	Y	G	G	J	S	N	M	A	T	U	A	Y	K
K	T	A	Q	D	T	U	A	U	X	L	E	O	T	S	O
G	T	K	V	M	Z	X	Y	O	K	O	E	O	E	G	S
W	K	W	K	F	K	L	R	V	E	R	I	A	V	Y	U
A	C	A	Q	C	A	C	A	O	G	I	D	S	N	A	N
S	N	A	L	E	M	A	R	A	K	E	A	A	O	D	A
U	D	T	T	Q	K	A	I	D	U	S	D	M	D	A	D
K	U	Y	I	K	X	L	F	D	A	C	I	U	M	I	A
A	V	K	K	O	V	W	U	I	X	R	A	Z	F	D	R
R	G	E	R	N	X	K	B	V	T	R	M	Z	O	T	A
I	Z	T	I	A	E	I	B	I	Y	A	O	W	R	G	I
K	K	O	G	D	T	S	D	I	B	W	H	E	B	K	R
R	F	K	X	N	G	P	B	A	C	P	T	N	N	L	G
S	K	G	K	A	M	A	P	E	N	J	Q	K	H	U	F
P	R	F	G	D	A	Z	O	K	O	T	S	A	F	I	B

ANTIOXIDANT
DACI
CACAO
KALORIES
KARAMEL
KWAKWA
MAFITA
DADI

SUNADARAI
GYADA
KYAUTA
GIRKI
SUKARI
MAI DADI
DANDANO

70 - Vegetables

R	X	U	S	R	R	Y	B	M	E	N	O	F	K	K	Y
B	M	U	K	N	Y	S	U	H	R	H	S	I	D	A	R
J	L	G	M	Y	N	N	E	D	L	X	H	C	E	R	E
B	V	B	S	P	J	A	L	K	D	B	F	N	K	A	L
D	I	O	U	V	D	S	M	Z	A	T	T	I	C	S	E
O	X	E	R	J	K	A	L	A	S	I	K	S	A	F	C
O	V	Z	I	J	E	B	A	K	N	I	R	A	F	G	Q
D	W	E	T	N	K	L	K	D	E	K	P	G	L	X	W
B	T	X	A	X	O	A	M	O	O	A	A	Y	E	K	S
R	Y	K	M	Y	H	W	W	D	K	K	J	Z	N	Z	K
O	W	K	U	F	C	A	K	C	Q	W	V	K	A	Q	A
C	W	V	T	Z	I	R	W	I	F	I	A	I	F	M	B
C	Q	M	W	G	T	U	A	H	S	K	F	M	U	Y	E
O	H	B	H	Q	R	T	I	K	O	A	H	M	B	E	W
L	I	K	O	F	A	Y	Y	A	L	A	V	S	A	A	A
I	T	A	F	A	R	N	U	W	A	B	I	L	B	C	Q

ARTICHOKE
BROCCOLI
KARAS
FARIN KABEJI
CELERY
KOKWAMBA
KWAI
TAFARNUWA
CITTA
NAMAN KAZA
ALBASA
FASKI
KAI
KABEWA
RADISH
SALAK
BABU
ALAYYAFO
TUMATIR
TURAWA

71 - Boats

K	N	E	D	I	T	E	S	X	U	K	D	Z	Y	H	A
G	I	Y	O	U	B	K	A	X	P	S	O	A	N	G	A
P	T	R	K	K	L	A	R	N	Z	I	C	B	X	E	Y
O	N	O	N	A	I	Y	K	K	H	S	N	C	K	V	Z
K	T	K	O	B	Z	A	I	S	G	T	E	T	T	K	K
A	U	D	C	F	J	K	E	S	Q	J	S	K	P	A	V
K	V	N	T	T	W	R	E	Y	X	I	G	O	K	N	A
W	Q	F	G	A	L	Y	I	H	W	R	H	D	P	O	I
T	M	A	S	I	Y	K	V	S	K	G	B	V	J	E	L
Z	A	M	F	O	Y	K	L	A	C	I	T	U	A	N	T
T	K	F	O	P	U	A	O	Q	I	N	I	J	N	I	E
K	Q	J	K	P	N	V	C	M	U	F	U	G	V	K	K
M	C	D	A	I	A	W	U	R	N	I	G	R	I	J	U
D	V	P	U	L	N	X	G	R	W	T	S	R	F	Y	O
J	O	J	K	G	Q	P	J	N	G	O	Q	P	S	C	A
A	T	B	W	C	W	G	M	S	Y	H	U	Q	L	O	S

ANGA
BUOY
KANOE
KUNGIYA
DOK
INJIN
JIRGIN FITO
KAYAK
TAFKIN

MAS
NAUTICAL
KOGI
IGIYA
SARKI
TEKU
TIDE
JIRGIN RUWA

72 - Driving

V	W	K	Z	Y	X	A	H	T	C	Y	K	W	E	A	Q
D	K	K	V	R	U	B	A	B	I	K	R	I	B	K	W
A	N	B	X	E	M	T	N	Y	K	T	T	M	S	Z	N
U	L	V	E	Y	H	S	Y	M	I	D	I	A	T	K	G
A	Y	I	F	A	T	I	A	M	C	F	T	R	A	L	J
D	S	A	U	K	I	R	A	D	A	H	U	S	S	L	I
S	D	V	Q	O	J	A	K	P	N	S	V	T	W	B	M
F	L	A	S	I	S	Z	G	A	S	A	E	G	I	V	Z
Y	A	Y	R	J	M	M	Y	B	U	W	S	D	R	H	N
K	I	T	K	K	O	B	J	E	T	S	C	N	A	H	Q
N	E	P	A	H	T	G	K	R	N	W	K	F	A	E	G
N	Z	W	T	R	A	E	O	I	H	E	L	N	S	Y	A
C	U	X	L	F	Q	S	I	D	C	Z	R	U	K	L	R
C	E	I	W	U	K	D	T	S	X	J	M	L	I	B	E
S	A	U	R	I	L	Z	V	K	L	V	T	L	R	Y	J
G	I	A	L	F	E	C	B	K	X	F	T	N	S	K	I

BIRKI
HADARI
DIREBA
FATAR
GAREJI
GAS
LASIS
TASWIRA
MOTA
BABUR
MAI TAFIYA
'YAN SANDA
HANYA
TSIRA
SAURI
TITI
CIKI
SAUKI
RAMI

73 - Biology

P	A	T	H	O	G	E	N	A	H	T	A	E	R	E	D
G	X	E	Y	N	E	G	A	L	L	O	C	R	V	S	T
K	M	A	M	A	L	X	X	P	Y	A	T	V	C	D	I
T	Y	Y	F	A	P	R	O	F	K	N	M	U	R	F	B
Z	M	Z	K	Y	N	I	T	O	R	U	F	A	N	I	R
K	H	O	U	Y	X	A	Y	U	A	H	N	Q	I	A	U
G	B	U	N	I	Z	R	R	A	T	T	I	L	A	H	G
A	S	B	A	M	N	R	N	T	T	J	H	N	R	Y	E
K	W	A	Y	O	Y	I	N	C	U	T	A	S	X	W	Y
L	J	C	I	T	V	S	K	W	A	K	W	A	L	W	A
I	S	O	J	A	D	T	O	S	M	O	S	I	S	O	M
J	U	Y	I	N	H	A	L	I	T	T	A	J	P	Y	V
I	C	W	J	A	A	C	H	R	O	M	O	S	O	M	E
C	N	H	O	R	M	O	N	E	S	P	A	N	Y	S	W
A	Q	U	K	K	P	J	V	X	O	V	D	N	S	I	D
M	L	E	O	R	D	B	L	X	X	C	E	R	V	O	K

ANATOMIYYA
KWAYOYIN CUTA
CHROMOSOME
COLLAGEN
TAYI
JUYIN HALITTA
HORMONE
MAMAL
MAYE GURBI
HALITTA
JIJIYA
KWAKWALWA
OSMOSIS
PATHOGEN
HOTUNA
TSIRRAI
FUROTIN
MACIJI
ALAMAI
SYNAPSE

74 - Professions #2

I	N	J	I	N	I	L	F	I	Z	K	X	Z	W	G	I
M	L	P	Y	M	D	I	M	H	D	I	M	B	U	B	U
O	I	O	Y	A	K	B	F	O	K	H	G	T	J	Z	K
N	K	C	I	I	Z	R	K	L	X	G	N	H	A	I	B
A	I	A	J	K	U	A	Q	F	O	D	E	I	P	Y	C
M	T	U	Y	I	H	R	Y	K	Q	R	O	N	R	F	D
S	A	G	D	R	G	I	A	D	I	R	A	J	N	A	D
W	Z	O	H	K	A	A	M	G	G	S	F	F	F	H	H
M	E	M	N	I	N	N	R	R	I	K	L	M	F	O	R
O	A	B	V	R	O	U	I	E	D	C	O	F	N	T	J
D	M	I	A	O	E	M	G	I	D	K	U	I	D	O	X
L	Z	L	Z	Y	E	K	I	C	N	I	B	I	A	M	N
Y	K	K	J	A	A	F	A	S	L	A	F	S	E	C	K
H	Z	Y	G	V	N	N	M	P	A	H	B	N	Q	B	K
K	M	E	K	X	G	E	I	M	A	L	A	M	F	J	C
E	J	Z	N	A	W	U	Z	R	A	Y	I	H	S	I	K

BAYANI
GANO
INJINI
MANOMI
MAI GIRMA
MISALI
MAI KIRKIRO
DAN JARIDA
LIBRARIAN
MAI ZANE
FALSAFA
HOTO
LIKITA
MAI BINCIKE
MALAMI
KISHIYAR ZUWA

75 - Mythology

K	X	P	P	V	H	L	Q	E	P	T	J	Z	W	Q	E
P	N	P	J	J	A	V	Q	F	M	K	M	O	A	N	P
M	L	S	F	P	L	T	S	A	D	A	I	F	L	V	V
G	C	E	W	V	I	H	S	I	K	V	L	Q	K	V	C
J	C	V	Y	V	T	N	V	R	N	D	F	Z	I	D	E
A	K	T	I	M	T	N	A	N	G	G	P	Z	Y	A	O
L	R	A	P	A	A	B	I	M	H	A	L	I	A	T	D
K	R	C	R	S	R	N	R	U	I	M	U	R	A	J	W
W	T	R	H	F	X	Q	B	T	C	T	Z	K	L	R	D
J	T	C	J	E	I	X	D	U	C	H	F	Q	A	V	K
K	P	Q	Y	Z	T	A	O	M	S	Z	X	X	B	E	H
B	A	L	A	I	T	Y	J	I	A	D	A	L	A	Z	T
R	N	C	P	V	W	I	P	V	M	Q	I	J	R	F	X
D	O	D	O	B	K	S	P	E	A	F	E	B	I	C	I
B	M	U	T	U	W	A	W	R	X	P	T	E	I	P	G
A	C	S	N	N	B	F	G	P	N	T	I	A	G	S	E

ARCHETYPE
HALI
IMANI
HALITTA
AL'ADA
BALA'I
SAMA
MUTUWA
KISHI
LABARI
WALKIYA
DODO
MUTUM
FASIYA
KARFI
TSADA
JARUMI

76 - Agronomy

X	R	Q	J	K	U	K	K	A	R	K	A	R	A	K	N
U	G	I	I	K	A	T	A	T	U	W	O	X	K	Y	Z
W	G	U	R	B	A	T	A	R	N	A	Z	A	R	I	G
N	D	L	A	O	M	K	N	J	F	F	X	G	T	M	O
K	S	O	S	T	O	N	O	F	U	I	C	N	I	B	A
X	M	H	T	K	N	V	N	R	N	A	Q	K	J	E	K
S	R	H	Y	K	P	I	B	X	H	R	T	O	G	P	U
Z	A	G	K	I	B	T	R	Q	O	R	E	J	G	K	T
T	W	U	K	W	W	X	C	A	E	I	J	J	A	N	T
F	U	N	K	E	P	K	Q	R	S	S	X	L	S	F	U
P	N	I	E	I	S	I	F	X	I	T	B	L	K	M	T
K	A	W	Q	J	K	M	E	A	S	X	Q	X	I	V	U
F	Y	R	C	D	I	I	L	L	A	H	U	M	Y	Z	C
Z	A	B	Z	Z	R	Y	N	C	L	V	S	Q	A	T	C
B	K	P	M	X	E	Y	F	S	X	O	Q	I	Q	L	E
A	R	U	W	A	F	A	G	T	P	C	V	O	M	O	J

NONA
CUTUTTUKA
KARFI
MUHALLI
WUTA
NOMA
TAKI
ABINCI
GASKIYA
TSIRRAI
GURBATA
SAUKI
KARKARA
KIMIYYA
TSARI
NAZARI
TSARIN
KAYAN UWA
RUWA

77 - Hair Types

S	U	K	O	U	U	T	L	G	J	P	A	X	R	I	D
A	T	A	O	W	O	M	C	Z	Y	Z	N	L	U	K	O
N	K	A	D	I	H	S	U	A	L	Y	W	I	I	L	G
K	W	Y	K	J	D	L	Z	X	D	C	U	R	L	Y	O
O	C	Y	G	U	X	A	A	F	V	C	T	Z	Z	D	Z
X	C	A	V	K	T	F	R	K	G	A	J	E	R	E	K
N	C	R	S	K	Z	I	E	F	U	V	V	G	V	P	Z
P	I	G	U	H	A	Y	N	H	E	A	R	Y	O	W	W
B	R	I	H	J	I	A	J	B	E	Z	Q	V	H	D	C
C	U	R	Y	V	R	N	Q	T	E	V	E	A	N	O	Z
J	A	S	N	O	A	K	E	M	D	P	U	D	I	X	D
N	K	F	H	W	F	C	P	G	U	L	O	M	N	S	K
W	H	F	T	E	K	I	W	R	T	E	F	X	V	D	I
T	R	B	A	K	I	G	S	B	M	C	K	N	K	J	C
X	R	X	M	Q	C	Q	K	P	B	J	L	A	B	K	D
K	G	A	S	H	I	Q	V	I	H	O	Z	L	N	L	A

SANKO
BAKI
TUKA
ZARE
GASHI
CURLY
BUSHE
GRAYYA
LAFIYA
DOGO
SHINE
GAJERE
LAUSHI
KAURI
KADI
FARI

78 - Garden

L	L	R	R	U	B	E	H	S	B	L	D	T	T	U	B
C	Z	K	A	D	N	A	R	A	B	I	A	O	U	H	C
W	H	O	K	R	A	F	C	D	L	N	X	M	O	D	K
I	C	N	E	B	U	J	I	H	B	J	G	H	B	Y	Z
D	K	E	C	Y	S	F	G	V	K	T	K	F	V	U	D
F	J	X	A	D	O	Q	A	U	C	I	N	X	D	X	N
A	O	K	T	D	L	X	W	P	V	E	D	W	K	V	B
T	T	M	I	R	B	D	A	K	Q	V	H	Q	H	X	Q
N	D	B	R	A	G	A	B	B	B	D	K	O	Y	C	I
T	A	Z	P	H	H	V	X	U	K	V	P	N	Z	H	H
P	J	G	O	C	G	Q	P	V	D	P	C	J	U	D	F
Y	I	G	T	R	A	M	P	O	L	I	N	E	W	P	J
C	I	Y	O	O	H	Z	C	U	Y	C	R	V	A	U	A
G	A	R	E	J	I	L	H	D	Q	I	A	Q	L	L	S
N	M	X	Y	M	V	R	H	M	O	K	T	B	D	Z	N
N	U	I	K	U	N	L	M	V	Q	N	O	A	Q	L	L

BENCI
DAJI
FARKO
FURA
GAREJI
LAMBUN
CIGAWA
RAGA
TIYO
ORCHARD
TAFDI
RAKE
SHEBUR
BARANDA
TRAMPOLINE
ITACE
ZUWA
CIYO

79 - Diplomacy

H	K	U	D	U	R	I	W	D	C	A	G	M	K	C	B
T	A	W	A	N	U	A	T	T	A	T	P	R	N	L	K
N	S	N	D	N	K	R	J	J	K	M	O	R	A	S	T
K	A	I	K	I	S	M	L	O	U	U	U	K	D	G	Z
J	Y	I	Y	A	F	Z	E	W	L	Q	T	L	A	S	K
I	I	X	X	K	L	L	G	S	I	D	F	D	K	N	X
N	S	U	A	U	Q	I	O	A	L	U	M	M	A	I	S
K	W	B	E	R	R	C	A	M	K	L	R	Y	J	B	D
A	T	I	F	A	M	I	D	K	A	W	A	J	E	N	A
I	S	W	P	Y	W	K	A	H	U	S	W	Z	Y	Y	A
G	G	O	P	E	E	I	L	C	L	V	I	M	K	A	A
J	A	K	A	D	A	R	C	I	V	I	C	Y	U	J	M
N	Z	K	F	W	H	M	I	D	R	M	A	D	Y	T	I
A	L	K	A	W	A	R	I	I	P	X	M	N	L	A	N
E	G	U	Z	L	L	S	Q	J	B	I	Q	B	N	O	C
U	W	O	Q	T	T	P	T	J	X	V	Z	I	L	K	I

JAKADAN
CIVIC
AL'UMMA
RIKICI
HANKALI
DIFLOMASIYYA
TATTAUNAWA
JAKADA
DA'A
WAJEN
MULKI
JIN KAI
AMINCI
ADALCI
YARUKA
SIYASA
KUDURI
TSARO
MAFITA
ALKAWARI

80 - Beach

```
L R E E F C T Z K M F N C E U L
C A Ƙ S Z N E F O A M T O P W L
F S G W D Y K N D S G E J N T V
E R T O U T U H K W P U A K I D
E G K O O U A Y I 'L L A W K G J
G M J K P N A W O J Ƙ P U A X H
T S I B I R I N U O H I R H G R
S W S J P Y Z Y I L A D N A S A
H X R G X G S M Q Q J R I M R N
U R A K E H S W Q E G V G O D A
Ɗ K R C P H L A M B A D R X J X
I W C P O S O R Ƙ B W S I T V E
F N J N J F L W A A F G J S H Y
O H S A N D O D T K R V F K I Y
W X Ƙ S Ƙ P G C Y L P B N G K A
L V E O K C D N Ƙ Ƙ Q C G T H T
```

SHUƊI
KWALLIYA
SHEKARU
KAGUWA
DOK
TSIBIRIN
LAGOON
REEF

JIRGIN RUWA
SANDO
SANDALI
TEKU
RANA
TAWUL
LAMBA
HUTU

81 - Countries #1

K	I	N	I	C	A	R	A	G	U	A	M	A	N	A	P
A	R	K	Z	G	W	U	H	S	A	J	Z	E	Y	N	W
N	A	Y	I	M	O	R	P	S	N	U	M	H	V	L	O
A	K	M	O	I	H	Z	O	D	L	A	O	B	W	Z	M
D	I	I	O	L	C	L	L	Z	N	A	L	I	B	Y	A
A	A	O	C	R	A	S	A	M	O	A	T	O	L	K	N
K	R	D	P	E	O	N	N	J	R	Q	L	V	F	H	T
H	S	O	O	V	S	C	D	A	W	E	A	N	I	D	E
V	I	N	K	N	H	N	O	M	A	H	G	I	I	A	I
B	R	A	Z	I	L	G	A	U	Y	I	E	A	H	F	V
F	M	L	U	V	F	Z	X	S	I	T	N	P	E	E	Y
V	E	N	E	Z	U	E	L	A	B	A	E	S	R	Z	R
D	L	O	V	Z	M	Z	N	O	K	L	S	P	K	K	E
R	B	P	A	H	H	C	M	J	J	I	Z	A	M	A	V
T	C	B	A	N	T	X	P	Z	W	Y	N	G	D	I	K
T	A	L	B	G	Y	U	M	C	W	A	E	O	I	F	C

BRAZIL
KANADA
MASAR
FINLAND
JAMUS
IRAKI
ISRA'I
ITALIYA
LATVIA
LIBYA
MOROCO
NICARAGUA
NORWAY
PANAMA
POLAND
ROMIYA
SENEGAL
SPAIN
VENEZUELA
VIETNAM

82 - Immigration

G	A	C	U	M	Y	A	R	D	A	G	D	Y	O	C	A
B	B	U	D	B	A	G	I	L	U	I	P	A	M	Z	A
L	X	T	C	G	M	F	H	I	O	X	A	R	N	S	L
B	W	D	Q	I	B	K	I	R	A	S	T	E	N	X	L
H	L	D	X	D	Q	I	Z	T	E	Q	H	I	Q	A	S
T	L	X	Z	A	K	O	D	P	A	G	N	F	U	S	Q
S	E	O	L	Y	K	F	F	P	N	U	H	L	U	S	A
G	S	K	O	I	L	A	H	W	E	D	Q	K	D	N	I
W	A	M	L	R	M	W	I	Q	G	A	W	J	R	G	E
O	D	M	M	A	T	U	S	Y	C	N	M	T	A	S	Z
Z	A	Y	O	K	A	M	I	A	T	A	K	A	K	O	L
F	R	B	A	S	Y	A	P	I	M	R	O	V	A	T	H
M	W	N	C	R	N	D	X	A	C	W	L	R	T	L	K
W	A	T	K	S	A	N	L	D	T	A	B	O	P	U	K
G	H	Z	Y	O	M	T	V	K	S	Q	L	P	H	F	J
S	U	M	M	Y	B	O	V	U	A	L	U	L	H	F	M

GUDANARWA
MANYA
TAIMAKO
YARDA
YARA
SADARWA
TAKARDU
GIDA
YARE
DOKA
SULHU
TSARI
KARIYA
HALI
MAFITA
DAMUWA

83 - Adjectives #1

O	J	N	T	Q	I	M	Z	F	J	P	N	L	F	M	S
F	F	D	F	R	E	U	R	A	U	A	Y	K	I	A	M
Z	A	K	V	P	J	H	D	S	L	G	R	P	R	I	Z
A	W	R	Y	J	O	I	B	A	Y	A	P	F	I	K	K
M	A	T	I	F	A	M	K	H	D	S	K	O	D	A	M
A	M	I	K	N	R	M	Y	A	X	K	F	I	A	N	A
N	R	H	U	K	C	I	A	A	A	I	D	R	Y	S	I
I	I	B	A	S	M	I	U	N	K	Y	X	U	A	H	H
F	G	O	S	K	K	Y	K	Q	A	A	D	B	H	I	A
K	I	C	W	K	A	O	H	I	M	U	S	W	N	U	N
N	A	I	T	A	E	X	T	O	I	L	Y	R	B	K	K
G	M	K	K	Y	A	K	K	Y	A	W	A	I	A	P	A
P	R	A	F	J	Z	S	G	A	T	Y	S	H	K	F	L
O	J	K	D	Z	A	O	G	Z	Z	E	K	C	I	B	I
H	Q	K	V	Q	U	B	G	C	T	V	I	F	U	K	O
O	W	A	X	L	P	R	S	N	I	K	L	O	X	K	C

CIKAKKA
BURI
MAI ƘANSHI
FASAHA
KYAKKYAWA
KYAU
DUHU
MAFITA
MAI GIRMA
FARIN CIKI
NAUYI
TAIMAKA
GASKIYA
IRI DAYA
MUHIMMI
ZAMANI
MAI HANKALI
SAUKI
BAKI
MAI KYAU

84 - Rainforest

Z	R	K	V	K	C	O	S	X	B	Y	N	K	G	T	M
T	L	T	P	B	F	E	T	Y	E	L	K	J	A	S	A
G	S	S	A	K	S	U	F	G	I	X	V	Q	N	I	I
V	R	U	D	N	N	B	W	Q	U	Z	Q	K	S	R	K
J	D	T	N	G	I	R	G	I	J	E	M	M	A	A	Y
I	Z	L	I	T	K	E	M	K	P	V	A	A	K	R	A
E	Q	G	Y	V	S	B	I	B	Q	R	Y	L	U	U	U
K	I	Y	A	Y	E	A	M	M	U	L	A	A	K	O	H
T	S	D	Y	V	D	B	Y	R	U	D	R	M	A	I	Y
Z	Z	U	S	Q	G	D	X	E	P	F	W	A	J	R	S
B	A	N	B	A	N	C	I	N	Y	K	A	I	B	A	D
P	K	D	Z	O	Y	M	S	R	W	U	F	C	C	E	W
T	X	H	J	I	L	I	T	S	A	L	V	S	U	K	X
P	Z	T	R	R	M	J	R	C	Q	W	C	E	C	K	S
G	I	R	M	A	M	A	W	A	S	L	K	N	R	P	X
K	J	G	B	O	T	A	N	I	C	A	L	U	X	W	N

TSUNTSAYE
BOTANICAL
YAYINDA
GIRGIJE
AL'UMMA
BANBANCIN
KWARI
MALAMAI
GANSAKUKA
DABI'A
KIYAYE
FUSKA
GIRMAMAWA
MAYARWA
TSIRA
MAI KYAU

85 - Technology

M	O	K	Y	T	M	J	K	Y	T	L	O	T	K	F	I
S	A	I	K	E	E	X	E	B	L	I	Y	F	E	M	N
S	O	N	G	E	N	A	W	A	D	A	M	A	K	D	T
H	W	F	U	N	K	L	S	A	K	O	G	G	I	I	E
A	S	X	T	N	Z	L	I	Y	A	F	X	T	C	J	R
F	Z	I	M	W	I	O	B	M	M	I	R	K	N	I	N
I	E	Q	H	H	A	Y	T	E	Y	R	T	W	I	T	E
X	W	I	A	I	Q	R	A	W	D	Z	C	A	B	A	T
K	D	A	N	Q	S	N	E	W	D	H	F	Y	I	L	Y
I	W	I	K	I	D	I	D	D	I	G	A	A	A	B	Q
O	R	A	S	T	K	X	B	D	X	F	Z	R	M	V	J
K	Q	N	M	K	A	M	A	R	A	T	K	C	T	K	I
K	C	A	G	F	D	R	S	W	A	O	R	U	Z	Z	H
P	U	Y	K	Z	U	I	B	Y	T	E	S	T	G	G	T
P	J	A	D	H	H	T	U	U	Q	C	U	A	X	R	T
E	R	B	K	C	W	S	A	M	B	U	B	B	A	Y	C

SHAFI
MAI BINCIKE
BYTES
KAMARA
KWAMFUTA
MANUNIYA
BAYANAI
DIJITAL
FAYIL
INTERNET
SAKO
ALLO
TSARO
SOFTWARE
KIDIDDIGA
KAMA-DA-WANE
KWAYAR CUTA

86 - Global Warming

D	Y	F	J	A	M	A	A	Y	B	C	E	H	Y	P	A
K	P	A	V	Z	Z	K	K	A	A	O	L	E	E	M	R
R	L	L	Y	N	S	B	X	N	Y	R	Z	C	O	E	C
M	L	Q	U	I	Q	B	E	Z	A	V	M	K	M	P	T
Z	A	C	Y	L	N	W	B	U	N	S	A	N	A	A	I
I	Q	L	D	I	J	D	A	N	A	V	K	M	B	M	C
D	Y	C	A	N	A	R	A	A	I	G	A	B	A	A	S
K	O	C	Y	M	J	O	M	D	M	U	L	K	I	T	A
N	F	K	K	X	A	K	C	U	R	U	G	O	F	S	K
Z	K	H	A	M	N	I	T	N	I	M	A	I	R	A	A
K	K	H	T	A	P	L	B	I	K	N	S	A	A	L	M
U	T	D	Y	F	H	A	B	Y	I	D	V	T	K	O	A
Q	Y	N	X	C	J	H	W	A	C	V	K	N	Q	L	K
G	H	S	L	E	R	A	K	T	I	M	G	N	V	I	O
K	C	N	J	Q	D	M	G	C	I	G	A	B	A	N	Y
C	O	A	M	L	V	P	K	V	W	I	Y	A	A	K	P

ARCTIC
YAYINDA
SAKAMAKO
RIKICI
BAYANAI
CI GABA
KARFI
MAHALI
GABA
GAS
ARANA
MULKI
SANA'A
NA DUNIYA
DOKA
YANZU
JAMA'A
MALAMAI
MATSALOLIN

87 - Landscapes

J	E	S	V	D	S	Y	O	R	F	C	K	Q	U	D	E
R	I	Q	K	C	U	K	W	A	R	I	Q	H	G	K	D
R	Y	O	W	G	K	F	M	W	N	N	Y	L	N	I	K
W	V	Y	U	C	E	L	J	A	K	D	A	F	G	U	E
U	X	F	F	D	T	U	N	D	R	A	S	A	L	I	O
K	K	Q	Q	A	N	G	I	I	A	Q	H	D	M	R	T
E	T	U	D	U	I	K	K	G	R	Z	I	A	C	F	S
T	C	O	R	V	K	F	F	O	E	I	H	M	K	W	C
N	J	O	G	N	A	Z	A	K	I	X	B	A	I	V	C
I	M	C	V	P	B	D	T	S	C	J	P	I	E	P	K
H	W	X	O	E	M	R	O	O	A	S	A	S	S	S	C
S	A	Y	I	K	S	A	G	Y	L	H	I	H	T	T	I
A	K	M	T	E	K	U	O	G	G	J	U	O	U	K	Q
S	Z	G	A	Q	H	H	K	O	J	I	T	R	D	B	Q
A	Y	Y	B	D	R	U	W	A	N	R	U	W	A	O	M
J	R	H	K	W	A	J	J	U	F	U	F	G	H	D	B

BAKIN TEKU
KOGO
COVE
HAMADA
YASHI
GASKIYA
GLACIER
GULF
TUDU
TSIBIRIN
TAFKIN
DUTSE
ZANGO
SASHIN TEKU
KOGI
TEKU
FADAMA
TUNDRA
KWARI
RUWAN RUWA

88 - Plants

G	N	A	K	A	Y	Y	B	E	C	G	J	I	O	F	Z
M	I	W	F	R	R	E	S	R	T	S	I	D	Y	U	P
M	W	R	I	N	A	K	Z	Q	J	B	C	I	A	Z	P
R	J	P	M	P	Z	A	K	U	K	A	S	N	A	G	L
F	G	X	T	A	T	L	J	D	I	W	E	T	G	E	K
B	K	N	U	B	M	A	L	X	T	T	R	G	Q	K	N
D	A	J	I	F	A	W	K	O	A	W	U	T	U	T	A
K	R	K	E	H	B	G	M	I	C	E	F	S	P	U	U
H	U	M	G	N	C	N	Y	G	E	F	Y	F	H	H	I
B	F	W	J	E	H	A	N	O	J	W	K	H	S	E	N
V	X	O	J	Z	A	W	A	G	I	C	A	G	Q	K	T
M	G	C	H	V	A	K	L	G	E	K	T	V	C	A	U
I	L	I	M	I	N	S	H	U	K	A	S	F	O	W	F
R	D	Z	U	B	Q	G	A	N	Y	E	I	I	Q	G	F
K	Q	R	E	O	S	U	V	I	N	A	N	V	D	P	A
M	X	L	T	E	P	R	W	N	I	Y	A	Y	I	C	C

KWANGWALA
WAKE
NAU'IN TUFFA
ILIMIN SHUKA
KATSINA
TAKI
FURE
FURA
GANYE
DAJI
LAMBUN
CIGAWA
GIRMA
IVY
GANSAKUKA
TUSHE
TUTU
ITACE
CIYAYI

89 - Boxing

P	S	Ƙ	N	L	S	M	A	Y	A	Ƙ	I	D	N	I	G
S	A	F	O	F	I	N	H	A	N	N	U	G	X	R	D
R	W	U	N	T	X	S	P	W	W	M	K	A	F	L	P
L	A	A	L	W	Ƙ	H	Z	R	X	F	Z	M	W	D	M
O	R	R	U	P	S	J	G	A	R	D	J	D	P	D	U
Ƙ	R	A	Y	Z	B	H	K	Y	K	A	S	A	V	S	L
E	A	L	Y	J	I	Ƙ	A	A	S	T	L	A	Y	B	X
T	R	Ƙ	Y	I	X	C	R	M	K	Z	I	L	Y	Y	R
A	A	A	V	X	J	K	F	C	A	C	Y	A	F	A	P
X	K	L	H	V	R	A	I	B	C	I	T	V	A	N	D
Y	D	I	J	F	R	G	G	I	A	N	P	I	D	A	P
W	A	Y	T	Z	Z	U	H	C	Y	S	N	L	A	D	T
J	D	W	A	U	W	G	E	C	I	K	I	N	W	A	G
F	I	L	N	D	V	D	E	C	S	Z	L	R	A	W	I
L	Q	K	E	O	F	C	N	Z	U	C	J	K	A	A	E
Q	G	W	I	Z	E	X	Y	O	K	X	U	Ƙ	J	X	P

KARARRAWA
JIKI
CIN
KUSIYA
GINDI
GAJIYA
MAYAƘI
MAYARWA
SAFOFIN HANNU
KASA
'YAN ADAWA
FADAWA
ALƘALI
BASIRA
KARFI

90 - Countries #2

U	G	H	B	Q	K	B	T	X	K	C	J	D	O	V	W
J	X	T	D	O	L	I	Z	A	L	F	A	I	R	Y	S
N	R	S	P	E	N	I	A	R	K	U	M	A	V	X	E
K	G	O	K	C	N	N	B	A	G	V	A	H	U	J	W
N	A	A	N	E	L	M	F	E	X	B	I	Z	S	R	P
P	U	R	K	E	A	G	A	F	R	H	C	S	R	D	A
Q	Q	Z	W	R	O	I	H	R	S	I	A	O	F	N	K
K	S	M	B	G	S	K	Y	Y	K	B	A	M	N	E	I
S	O	S	N	I	G	E	R	I	A	H	S	A	R	P	S
Z	W	J	A	O	O	H	O	T	D	V	H	L	K	A	T
K	E	O	D	G	N	J	L	I	N	F	I	I	W	L	A
Q	F	K	U	M	F	A	J	A	A	K	J	A	I	Z	N
I	N	J	S	A	K	S	B	H	G	I	A	R	R	O	X
E	T	H	I	O	P	I	A	E	U	X	P	K	L	C	S
M	E	X	I	C	O	A	L	K	L	G	A	K	W	L	U
A	L	B	A	N	I	Y	A	E	R	J	N	U	L	Q	A

ALBANIYA
DENMARK
ETHIOPIA
GREECE
HAITI
JAMAICA
JAPAN
LAOS
LEBANON
LIBERIA
MEXICO
NEPAL
NIGERIA
PAKISTAN
RASHA
SOMALIA
SUDAN
SYRIA
UGANDA
UKRAINE

91 - Adjectives #2

B	U	H	A	H	K	C	Q	P	G	R	N	H	T	I	Q
S	A	T	U	A	Y	K	K	T	R	B	W	K	E	N	U
A	Y	Y	F	I	K	I	R	A	H	A	L	I	T	T	A
N	K	H	A	C	I	V	I	Y	H	W	V	K	V	M	Y
A	J	X	K	N	J	L	R	I	Y	I	J	A	D	T	I
N	J	M	F	B	I	L	N	F	M	A	J	H	A	B	K
N	N	K	T	F	T	F	Q	A	S	B	P	L	O	U	S
E	W	J	Q	Y	L	J	A	L	H	I	X	A	D	S	A
N	D	O	U	V	A	N	V	Z	A	M	X	A	K	H	G
X	M	M	T	P	S	V	T	M	A	V	X	F	Y	E	B
B	L	H	T	A	C	N	D	D	W	K	C	Q	Z	R	Y
F	Z	K	K	O	D	S	K	T	A	V	X	C	I	E	M
O	Z	A	A	A	Y	X	V	Z	F	Y	M	K	X	F	Y
B	A	R	C	I	R	A	H	A	F	L	A	W	D	H	C
A	R	M	K	C	I	F	U	J	P	Y	N	L	J	G	J
S	W	G	R	K	L	E	I	Y	U	N	W	A	O	F	Z

GASKIYA
FIKIRA
BAYANI
BUSHE
KYAU
SANANNEN
BAIWA
LAFIYA
ZAFI
YUNWA
M SHA'AWA
HALITTA
SABO
KYAUTA
ALFAHARI
ALHAKI
SALTI
BARCI
KARFI
DAJI

92 - Water

D	H	D	E	O	R	I	K	Y	A	B	A	Z	N	S	F
K	U	A	R	A	K	N	A	K	M	A	S	I	J	H	Q
Y	R	S	W	Z	B	H	G	E	B	J	K	J	O	A	F
G	G	Z	A	U	E	E	B	Z	A	K	Z	Z	H	W	J
X	C	Y	N	R	W	X	K	Y	L	Q	K	W	G	A	N
C	G	A	M	A	K	A	C	U	I	R	U	R	U	T	Q
F	Z	R	O	G	P	A	P	S	Y	B	U	I	V	H	K
Z	K	B	N	U	F	K	N	V	A	W	X	O	S	O	S
E	A	P	S	M	S	V	I	K	W	M	K	Y	C	Z	K
D	L	D	O	I	A	S	K	X	A	G	U	G	U	W	A
U	A	L	O	R	N	F	F	O	K	R	R	H	K	M	B
E	N	N	N	G	Y	Z	A	Y	R	L	A	K	V	A	O
P	A	R	S	W	I	C	T	E	K	M	I	Q	J	C	Z
Q	C	D	L	H	B	T	E	K	U	J	G	N	Q	I	P
D	W	K	N	Q	I	G	O	K	A	U	B	A	E	B	H
B	Y	P	J	R	U	W	A	D	O	Z	T	K	H	D	D

CANAL
HAWUWA
AMBALIYA
SANYI
GUMI
GUGUWA
KANKARA
TAFKIN
DANSHI
MONSOON
TEKU
RUWA
KOGI
SHAWA
DUSAR KANKARA
TURURI

93 - Activities

L I B E F K P K Z H B O P U E O
Z N I S S B T V R D S O C J M V
J A N A D A Y W U E I K I A N H
G F A W Y M L V S M H Z S C C K
D M J V F K Q G X Z I P K U A O
J A O M V P O Z I A R I S A B I
K K M F N K T E R N I K R K A P
F G M A P R G J P G C O V G Y Z
F A S A H A A E K O T O H R N N
S E J W C D T M M A M F B X H R
Q A Y U G R I A P L F N Y K G U
V Q N R T A F I Y A I D A B T Y
H M G A J Y T Q D D K A R A T U
G M S F A B B O I N N A S A W J
Y K K T K F S H W R I Q B A R A
R A W A C W A O B K D G H I R R

AIKI
FASAHA
ZANGO
SANA'A
RAWA
KAMFANI
WASANNI
GINDI
TAFIYA
FARUWA
DAMA
SIHIRI
HOTO
YARDAR
KARATU
JANADA
DINKI
BASIRA

94 - Business

E	G	M	F	C	L	I	M	M	S	E	X	A	L	Y	P
K	E	B	L	G	Y	B	J	A	M	Y	P	W	T	O	M
K	B	B	U	Q	S	D	A	G	A	M	U	L	K	I	S
R	H	K	Q	I	I	T	G	L	G	I	K	N	Z	L	W
R	I	B	A	T	P	I	O	Y	X	K	K	K	D	U	Z
C	J	Q	M	U	R	E	R	C	X	U	M	A	T	O	V
K	A	B	Y	M	U	E	A	L	L	A	S	G	C	N	Y
K	R	F	K	O	M	S	X	C	M	S	V	K	N	I	E
Z	A	K	Z	W	A	H	Q	E	J	Z	I	U	B	H	O
C	H	M	W	W	D	A	W	D	L	P	F	D	B	S	F
B	A	T	F	E	L	G	A	S	E	M	V	I	K	I	A
E	H	W	B	A	C	O	T	M	U	H	D	G	F	F	R
Z	V	Y	U	L	N	K	Y	Y	C	N	O	A	N	O	K
L	R	Z	X	U	O	I	E	U	R	J	W	R	F	Z	O
M	A	I	A	I	K	I	Q	K	C	X	G	R	Y	Q	K
Y	J	A	R	I	Z	M	B	Q	N	N	B	F	J	R	W

AIKI
KAMFANI
KUDI
RAGI
MA'AIKACI
MAI AIKI
FARKO
JARI

JAGORA
SAUKI
OFISHIN
RIBA
SALLA
SHAGO
HARAJI
MULKI

95 - The Company

H	Q	L	N	I	U	N	R	K	D	R	L	R	B	R	B
A	U	S	F	N	V	L	A	Q	C	K	Q	D	Q	R	S
Y	J	K	L	F	K	W	Z	M	M	Z	O	Z	Z	N	P
F	V	L	U	G	A	B	A	T	A	R	W	A	R	Y	T
C	A	C	R	N	P	L	B	Q	U	T	A	W	B	Z	N
A	E	X	T	X	C	X	K	N	I	E	W	B	T	V	C
J	K	D	K	C	W	I	C	N	A	W	U	S	A	K	N
A	T	U	A	Y	K	K	W	E	R	P	W	K	I	S	X
R	D	U	N	I	Y	A	J	L	I	K	I	A	D	B	A
I	A	W	U	J	L	C	A	A	K	V	Y	X	I	A	N
D	B	F	S	T	Q	Z	I	K	I	I	Q	F	B	S	O
C	H	A	D	U	R	A	K	G	F	Q	G	U	U	S	E
M	J	C	J	N	Z	J	U	N	A	A	N	A	S	A	F
P	X	V	C	V	E	I	D	H	P	B	C	Y	A	S	X
J	K	O	K	L	G	Q	I	L	J	J	A	D	M	H	E
U	D	Z	O	S	S	Y	C	R	S	N	Q	N	N	I	H

KASUWANCI
FIKIRA
HUKUNCI
AIKI
DUNIYA
SANA'A
MASU BIDI'A
JARI
YIWUWA

GABATARWA
KYAUTA
CIGABA
SUNA
ASABAR
KUDI
HADURA
SASHI

96 - Literature

B	H	U	S	S	F	Q	K	K	C	B	T	C	E	N	S
X	G	A	W	X	U	T	B	T	O	C	K	G	S	X	Z
E	X	R	A	A	Y	I	C	U	B	U	R	A	M	L	J
S	N	R	B	C	Y	M	R	G	J	O	Z	V	A	T	Y
W	G	I	I	B	J	I	I	V	C	W	A	Q	A	N	J
X	V	S	S	A	P	Y	V	P	P	R	Q	J	L	O	O
W	X	B	U	Y	H	M	K	X	I	E	D	N	M	P	H
Z	E	H	M	A	W	E	C	A	D	H	W	M	Y	I	B
T	S	I	Y	N	R	K	O	L	A	S	M	G	Q	D	H
M	A	F	L	I	P	I	C	M	G	R	G	H	O	R	K
X	I	R	A	K	C	C	M	A	L	A	B	A	R	I	O
D	L	S	B	U	Y	N	C	R	J	K	Y	C	R	B	W
G	A	K	A	I	I	I	R	A	N	A	G	A	M	K	K
G	S	A	K	L	Y	B	X	V	W	V	M	T	T	Q	K
P	I	W	A	A	I	Y	Y	X	N	N	D	I	K	C	J
Z	M	I	W	A	T	N	A	W	K	S	J	L	N	N	Y

MISALIN
BINCIKE
LABARI
MARUBUCI
TARBIYYA
KWANTA
ƘARSHE
BAYANI
MAGANAR
ALMARA
MISALI
RA'AYI
WAKA
WAQA
DACEWA
KARI
SALO
JAM'I
MUSIBA

97 - Geography

Y	P	W	Q	V	I	V	J	K	J	V	B	I	U	L	T
D	A	F	I	L	A	H	J	L	U	Q	D	J	F	A	Z
T	W	M	Q	I	I	G	W	Q	E	V	F	S	B	T	D
E	E	A	M	A	P	M	H	U	J	R	U	O	R	I	L
Z	R	W	V	A	I	K	K	A	B	M	B	V	K	T	Q
K	A	G	A	R	I	F	M	Y	K	U	D	U	A	U	L
D	U	N	I	Y	A	G	N	I	A	R	F	V	S	D	G
A	R	I	W	S	A	T	I	H	Q	N	I	L	A	E	U
A	T	T	S	A	W	O	R	A	S	A	K	O	I	G	B
N	E	L	K	D	S	M	I	N	R	I	C	I	G	O	K
K	E	D	A	E	Q	O	B	U	K	D	A	Y	K	C	U
D	W	Q	L	S	U	O	I	L	K	R	L	A	T	A	D
C	G	P	G	T	O	N	S	O	K	E	Q	S	Y	S	H
K	M	O	L	U	K	E	T	J	H	M	Y	T	P	R	J
H	V	N	V	D	W	M	H	O	J	N	K	Z	L	C	Y
K	X	X	K	J	U	Y	I	M	P	Q	A	A	M	K	U

TSAWO
ATLAS
GARI
NAHIYA
KASA
HALIFA
TSIBIRIN
LATITUDE
TSAYI
TASWIRA
MERDIAN
DUTSE
AREWA
YANKI
KOGI
TEKU
KUDU
KASA
YAMMA
DUNIYA

98 - Jazz

Q	D	J	U	G	P	F	B	O	S	F	V	Z	A	J	Q
Q	S	K	U	M	A	F	Ƙ	K	V	F	U	Ƙ	D	A	B
N	G	O	J	N	A	Ɗ	I	K	U	U	U	G	X	D	Y
Z	K	M	Q	K	D	W	I	E	Q	M	F	A	S	D	W
S	A	F	U	S	T	B	A	T	M	Q	G	N	Z	A	W
C	D	Ƙ	A	T	U	A	Y	K	C	A	V	G	K	D	Q
A	U	K	A	O	Y	I	N	Q	I	E	F	A	E	A	E
F	N	Ƙ	N	W	E	W	F	L	W	X	X	I	M	W	R
I	A	W	O	G	N	A	H	P	H	L	H	L	S	A	L
Q	R	G	C	W	K	B	I	B	Q	A	M	A	L	O	W
S	A	B	O	A	L	B	U	M	A	E	X	G	L	L	Q
T	B	S	U	H	M	Q	P	N	E	N	N	A	N	A	S
P	A	F	H	K	V	I	S	R	H	S	Q	H	R	S	X
N	D	R	S	A	Z	Y	D	L	N	K	M	S	U	L	G
N	E	N	G	R	S	U	X	Ƙ	D	N	K	B	R	V	D
V	K	I	A	I	G	Q	T	W	N	U	A	K	T	Ƙ	K

ALBUM
MAWAKI
KYAUTA
SHAGALI
GANGA
JADDADAWA
SANANNEN
MAFI SO
HANGOWA
KIƊA
SABO
TSUFA
KADUNA
KARI
WAƘA
SALO
BAIWA
DABARA

99 - Nature

G	B	D	M	C	T	K	G	E	G	N	F	B	M	T	A
L	M	U	A	R	O	D	O	A	Z	N	H	P	J	S	H
A	S	E	G	V	A	M	S	B	M	D	K	Z	G	A	S
C	M	W	A	U	T	F	U	O	Z	Q	F	O	Q	U	L
I	E	Y	N	A	G	G	C	X	Z	Q	G	P	K	R	V
E	R	C	A	Q	U	Z	I	C	N	U	K	U	H	I	W
R	G	P	R	Q	E	L	T	R	K	O	G	I	G	M	U
M	I	Z	N	V	F	K	C	D	G	K	H	R	W	U	T
S	N	E	A	A	D	D	R	Y	M	I	B	N	D	H	A
Y	Y	P	N	F	W	N	A	Q	R	M	J	M	A	I	Y
R	I	B	O	B	B	A	D	O	U	X	P	E	J	M	H
Q	D	N	Z	H	K	T	A	G	S	P	B	K	I	M	T
Z	T	B	A	J	U	S	M	B	A	I	L	N	M	I	A
K	K	L	H	Y	G	U	A	Y	K	I	G	K	C	Y	K
P	D	E	G	L	M	W	H	I	X	Q	N	H	M	A	M
L	P	D	N	K	Y	A	C	N	R	H	F	M	F	K	V

DABBOBI
ARCTIC
KYAU
GIRGIJE
HAMADA
TSAURI
WUTA
HAZO

GANYE
DAJI
GLACIER
KOGI
HUKUNCI
NATSUWA
MAGANAR NAN
MUHIMMIYA

100 - Vacation #2

T	R	N	H	X	K	Z	P	K	S	B	X	B	Q	U	D
T	A	F	I	Y	A	A	M	A	D	S	D	P	N	H	D
I	Q	I	Q	V	K	N	E	J	A	W	A	K	J	A	B
W	Q	W	K	L	S	G	V	V	V	I	Y	U	V	M	A
W	N	P	F	K	U	O	F	S	A	F	O	P	K	O	K
Z	T	A	S	U	Y	P	H	T	S	N	S	L	A	I	I
Q	A	J	O	K	P	S	M	U	A	G	A	X	H	H	N
A	S	Z	I	J	G	D	K	K	R	K	M	I	F	Z	T
W	W	X	R	R	T	E	K	U	B	F	S	G	K	C	E
C	I	W	L	N	G	A	P	Z	A	B	O	I	F	G	K
F	R	W	K	K	N	I	R	I	B	I	S	T	D	W	U
Q	A	O	T	A	L	U	N	D	E	I	B	N	K	U	J
E	R	H	K	J	G	R	X	S	N	W	B	A	I	N	V
X	K	S	C	I	N	D	D	O	A	F	S	T	I	P	B
W	G	T	L	S	Q	G	A	R	D	M	K	B	N	C	H
A	A	E	A	B	T	Z	O	C	Q	G	A	O	J	W	N

JIRGIN SAMA
BAKIN TEKU
ZANGO
MASOYA
WAJEN
BABE
OTAL
TSIBIRIN
TAFIYA
DAMA
TASWIRA
FASFO
TEKU
TAKSI
TANTI
SAUKI
SHOW

1 - Antiques

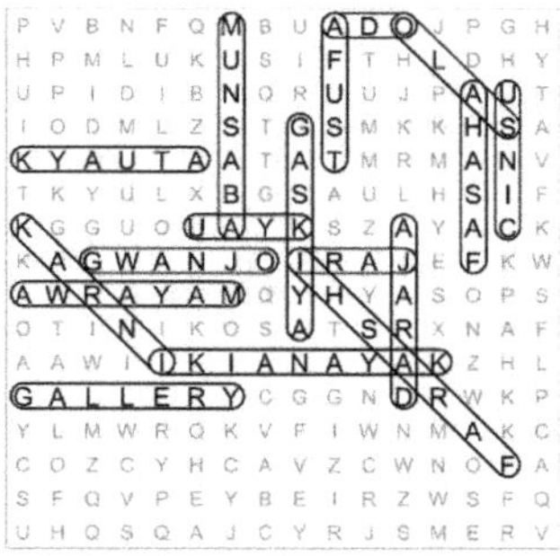

2 - Food #1

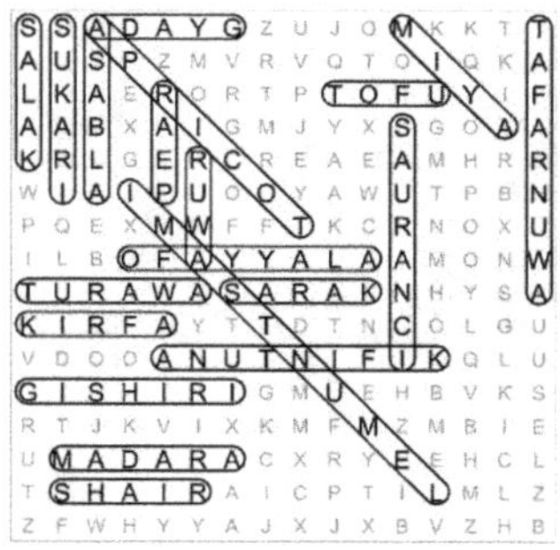

3 - Measurements

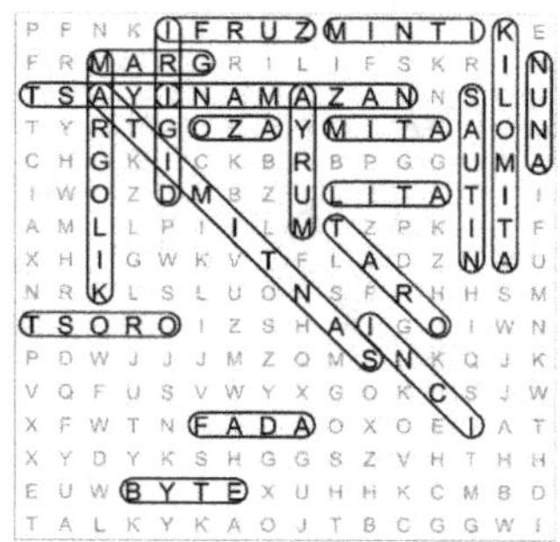

4 - Farm #2

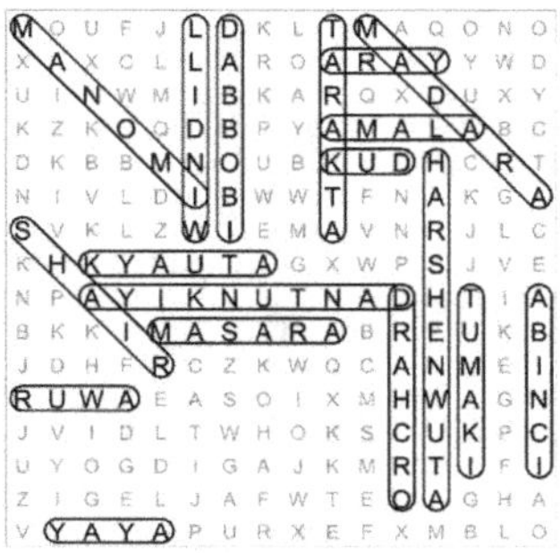

5 - Books

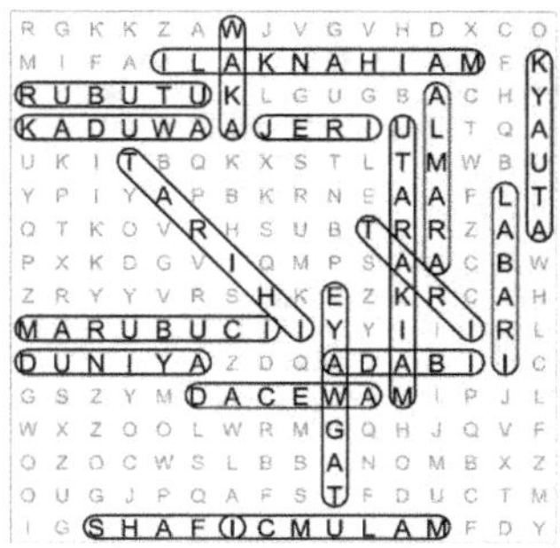

6 - Meditation

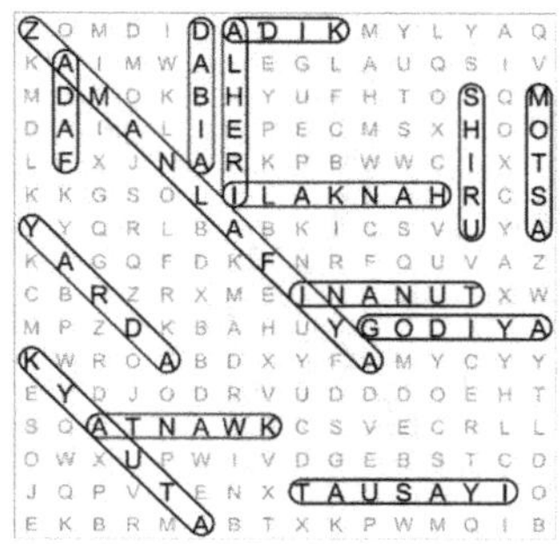

7 - Days and Months

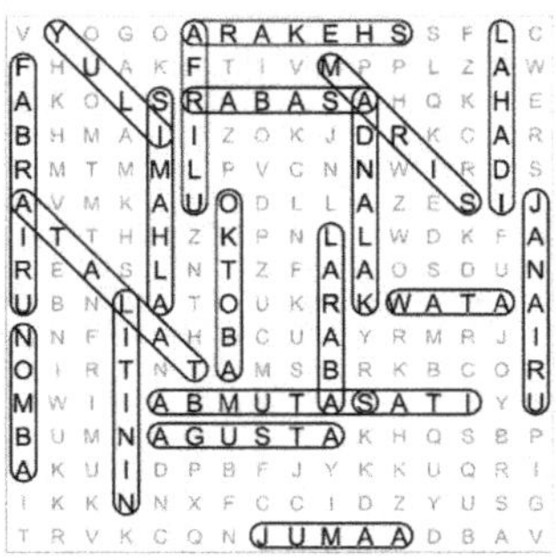

8 - Energy

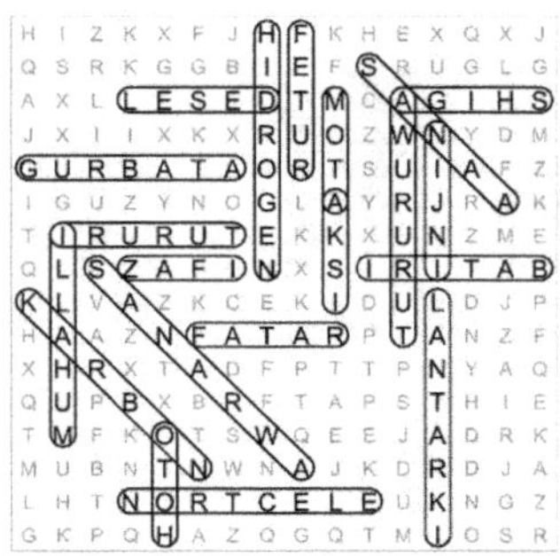

9 - Chess

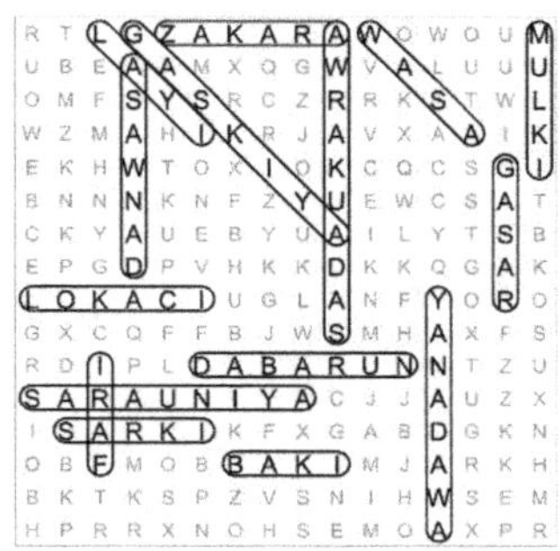

10 - Archeology

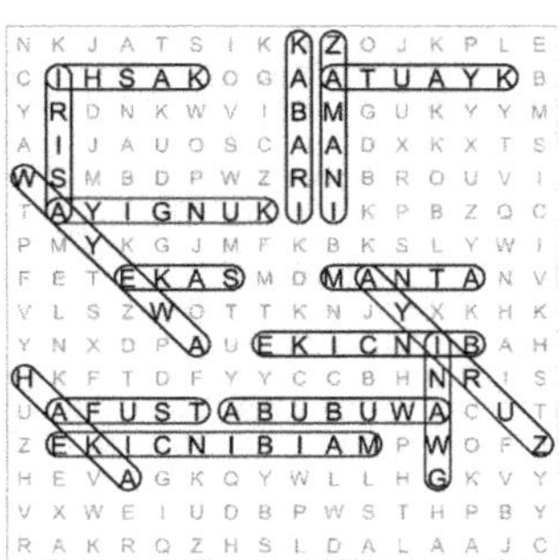

11 - Food #2

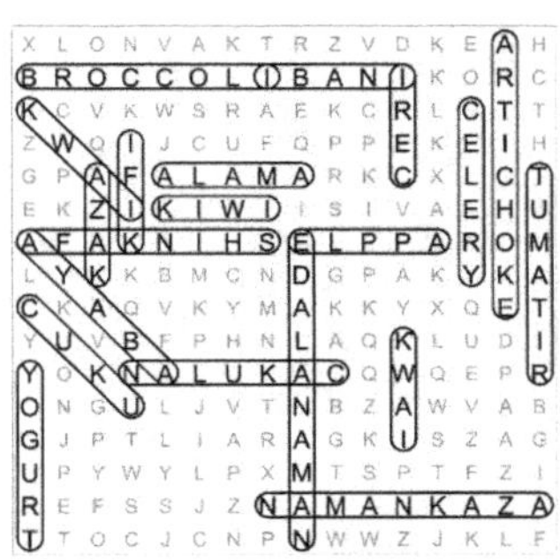

12 - Chemistry

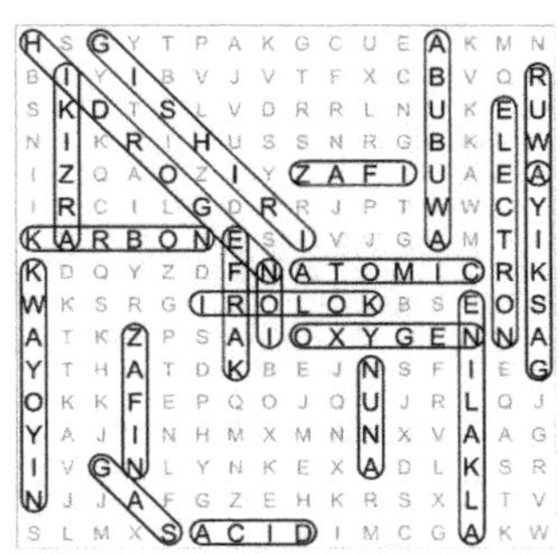

13 - Music

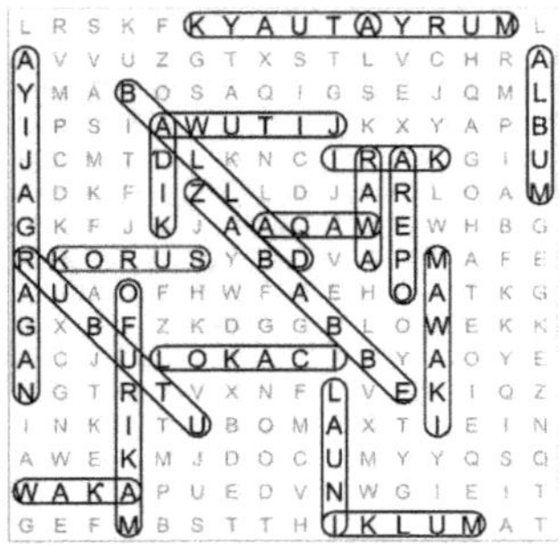

14 - Family

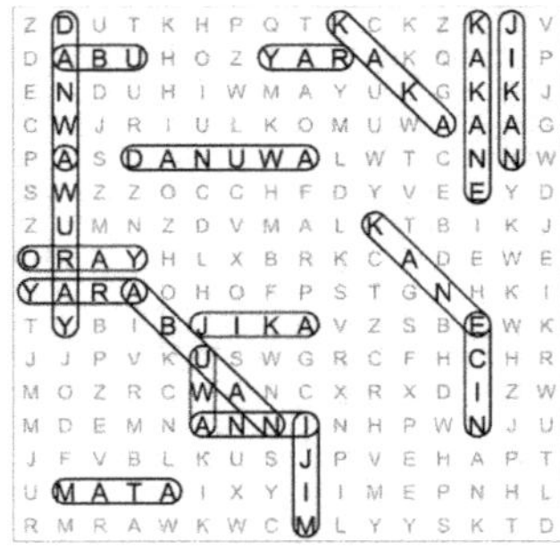

15 - Farm #1

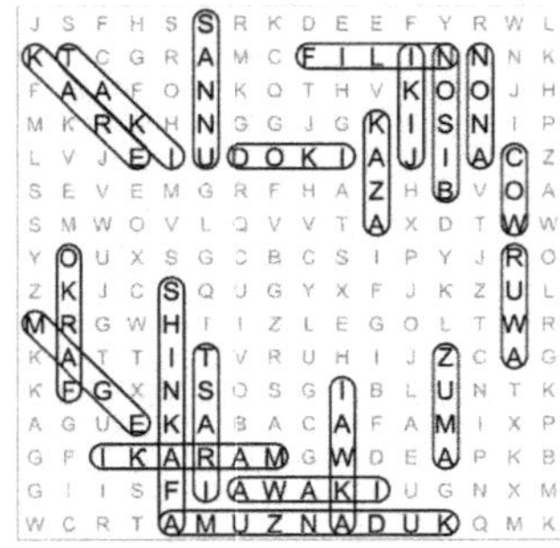

16 - Camping

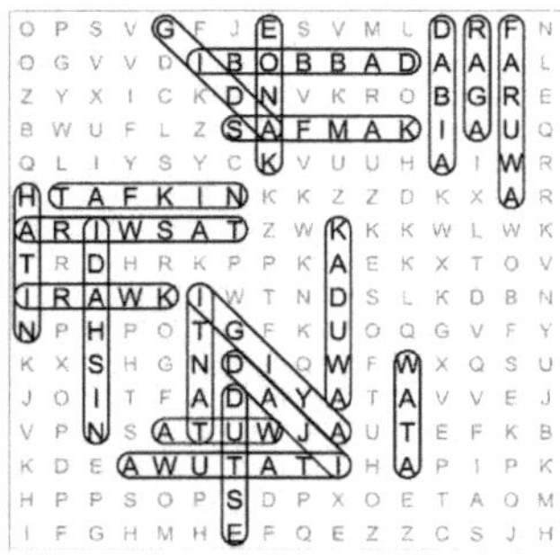

17 - Algebra

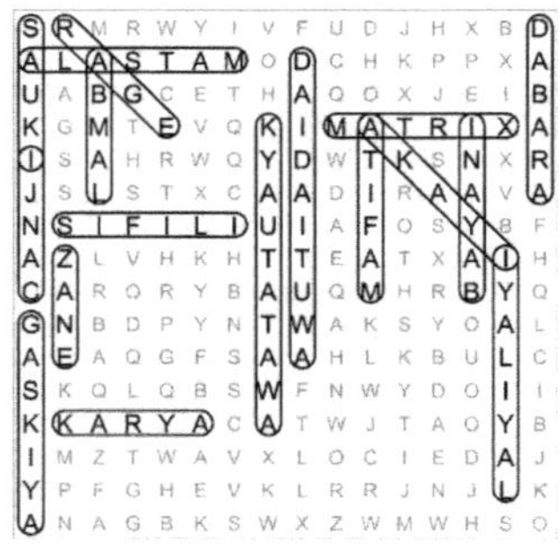

18 - Numbers

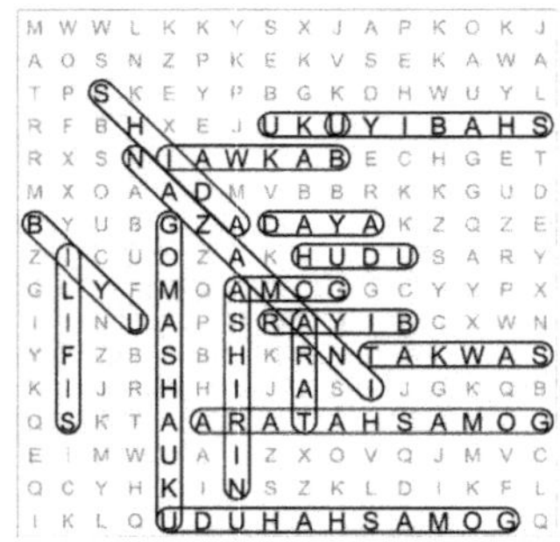

19 - Spices

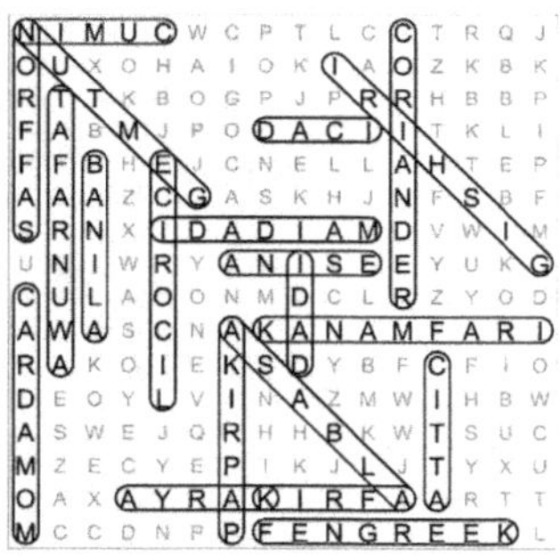

20 - Universe

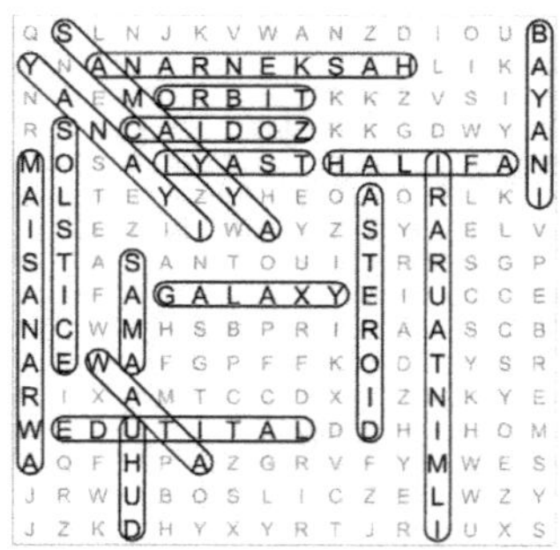

21 - Mammals

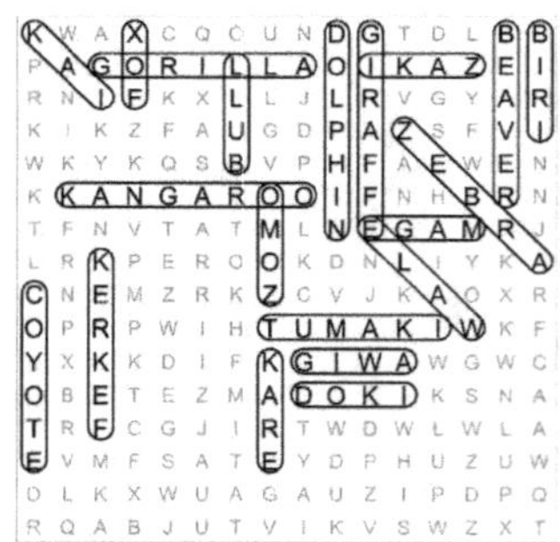

22 - Fishing

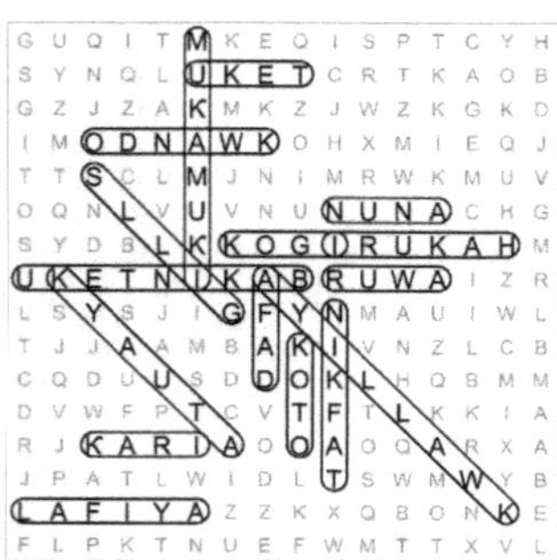

23 - Bees

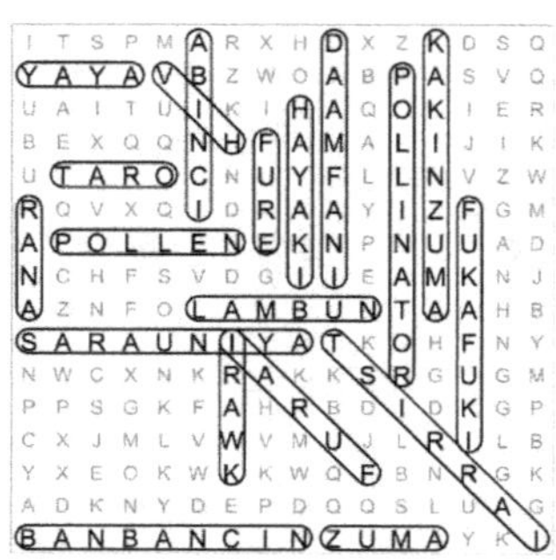

24 - Job Skills

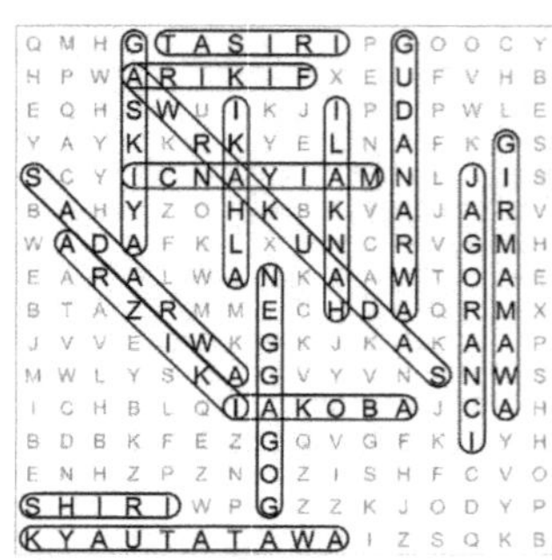

25 - Photography

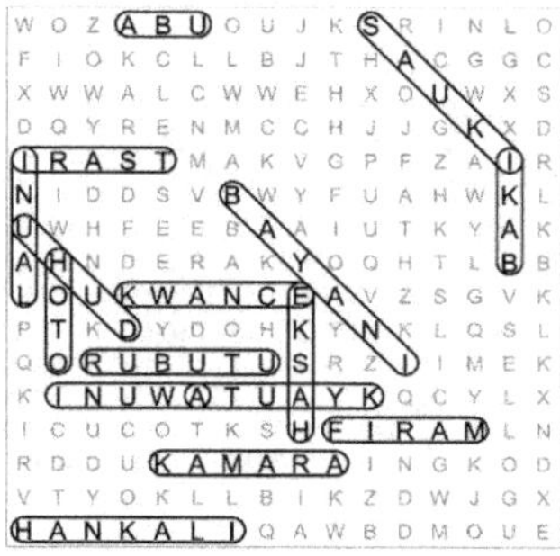

26 - Weather

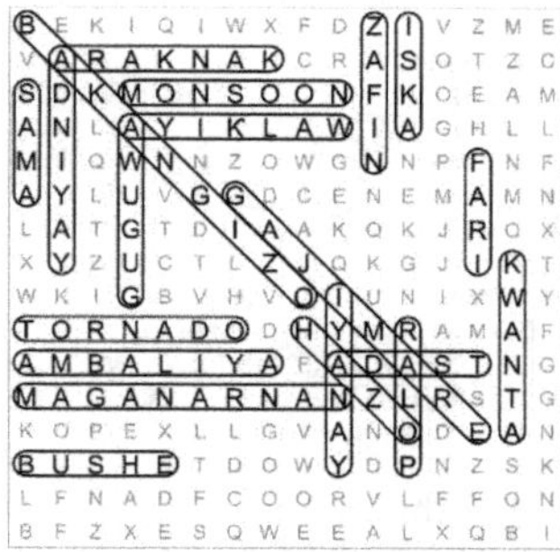

27 - Adventure

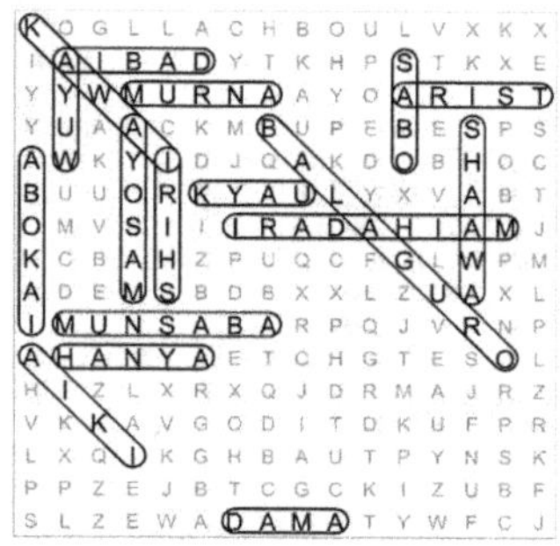

28 - Sport

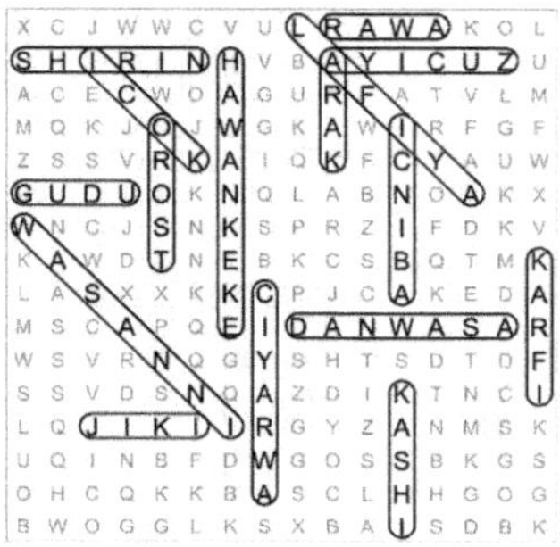

29 - Tools

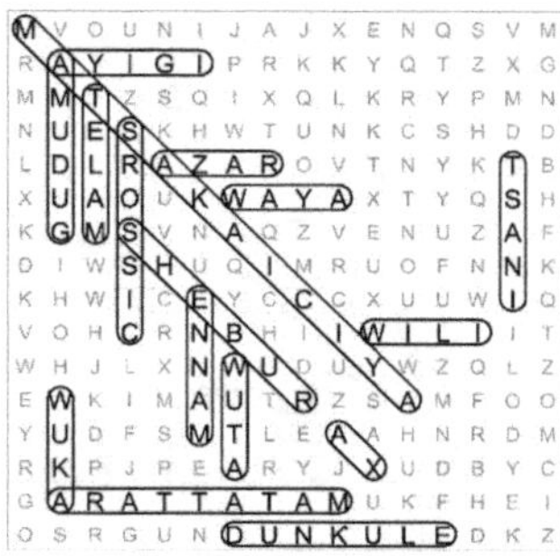

30 - Geology

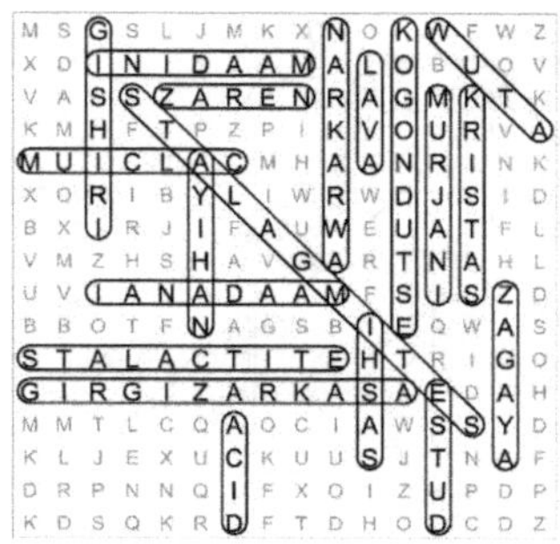

31 - House

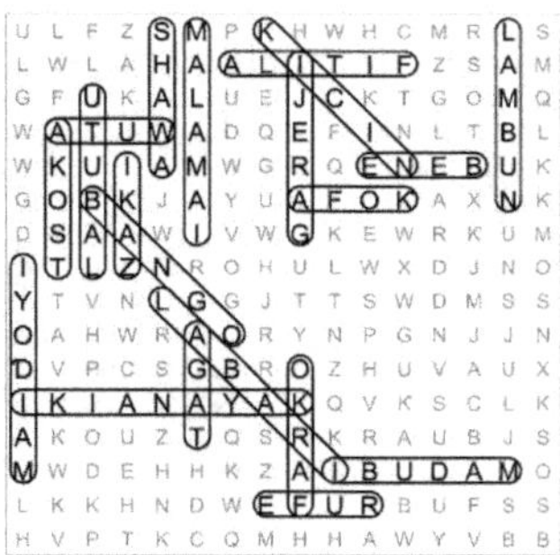

32 - Physics

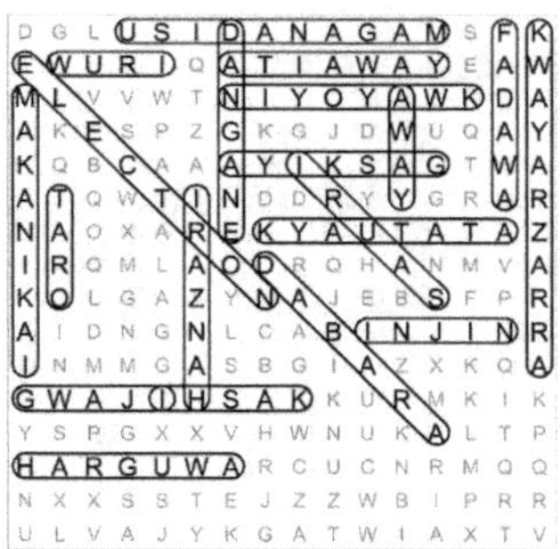

33 - Colors

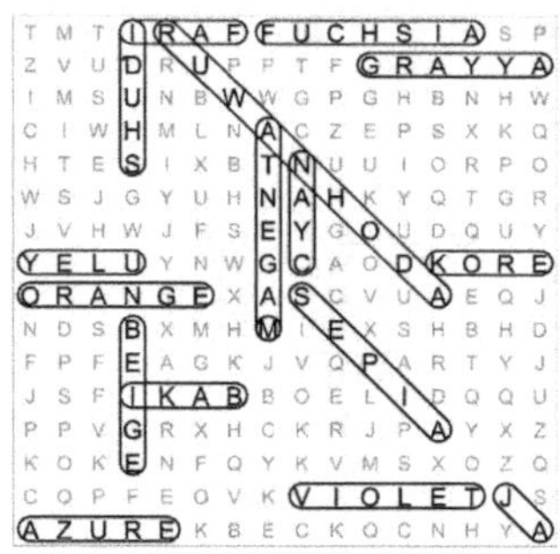

34 - Shapes

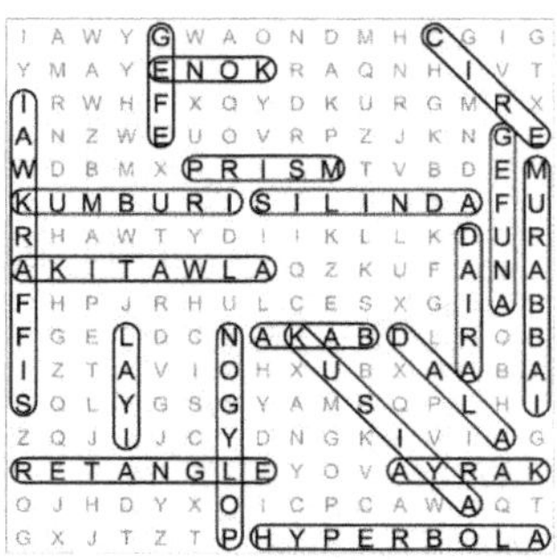

35 - Scientific Disciplines

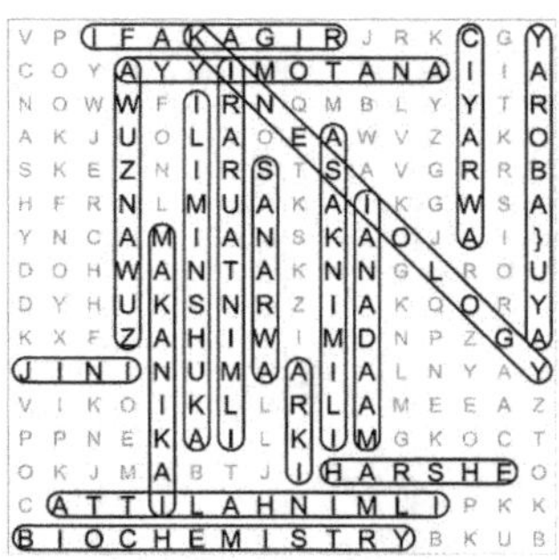

36 - Science

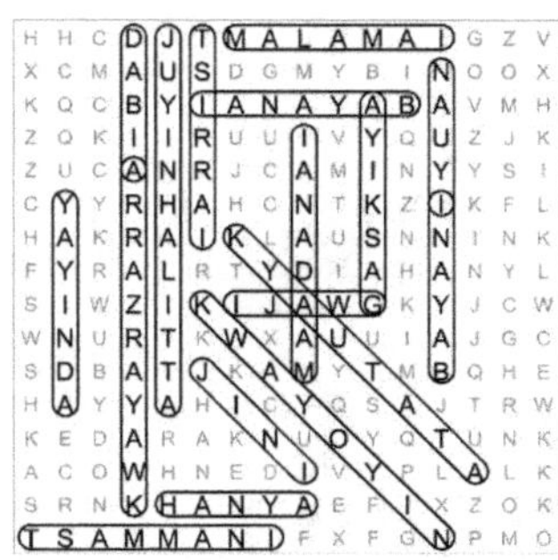

37 - Beauty

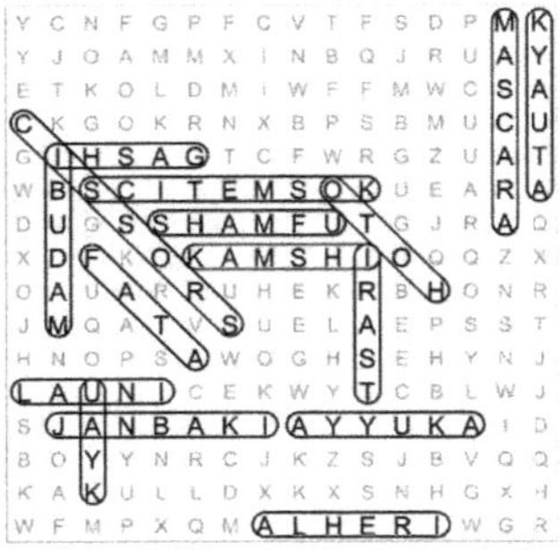

38 - Clothes

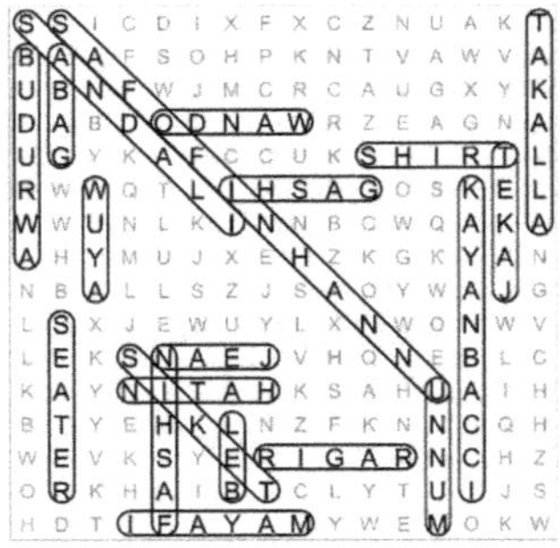

39 - Ethics

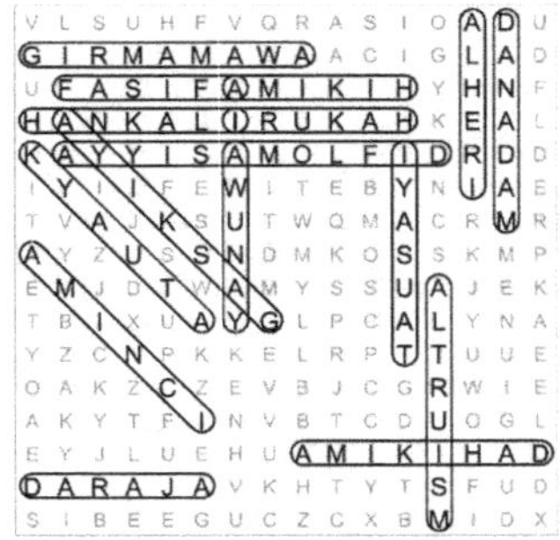

40 - Insects

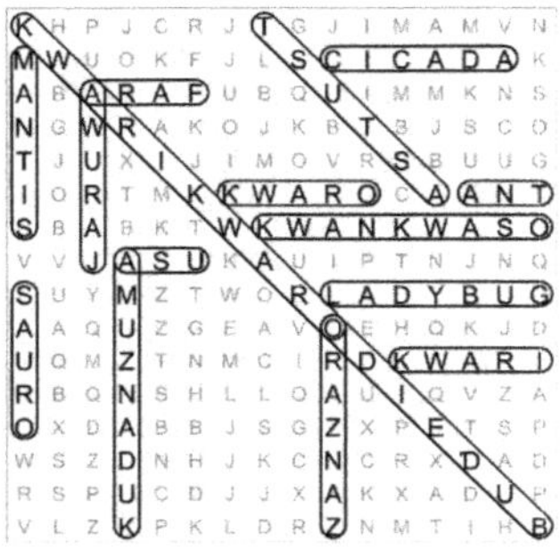

41 - Astronomy

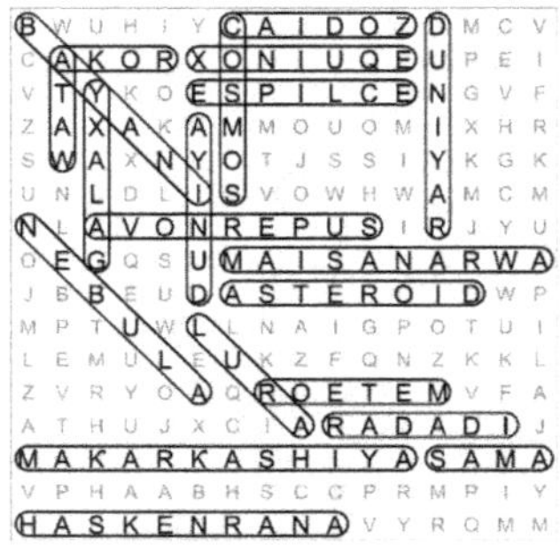

42 - Health and Wellness #2

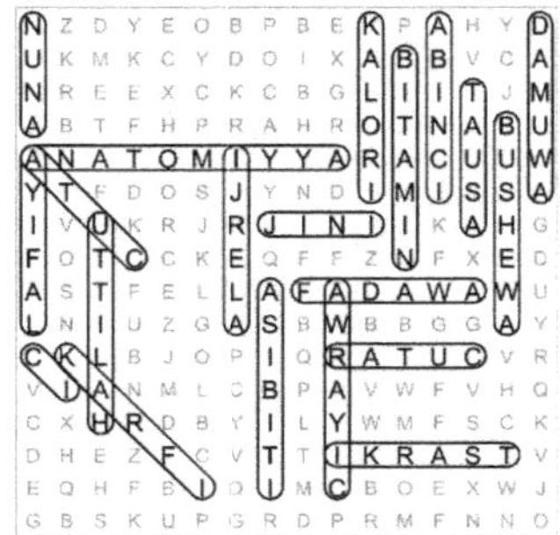

43 - Disease

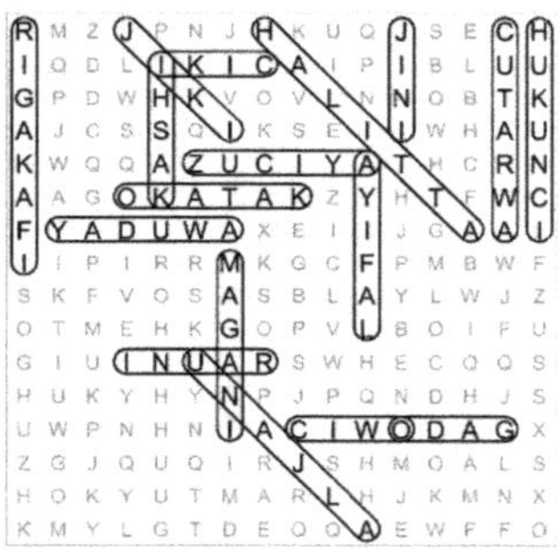

44 - Time

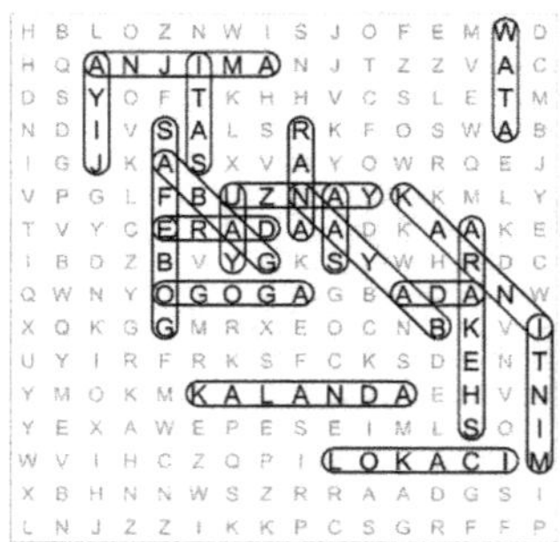

45 - Buildings

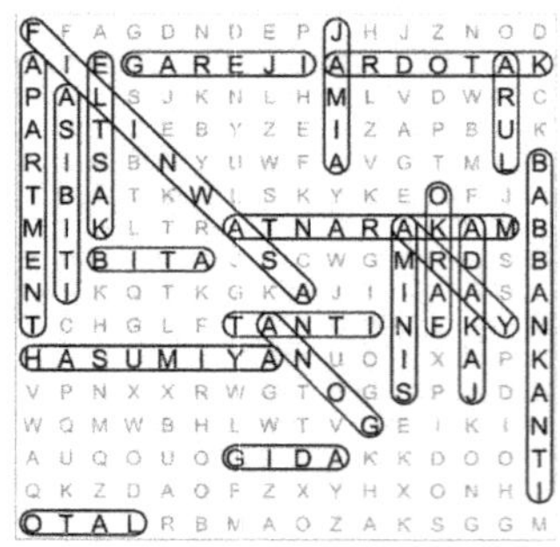

46 - Philanthropy

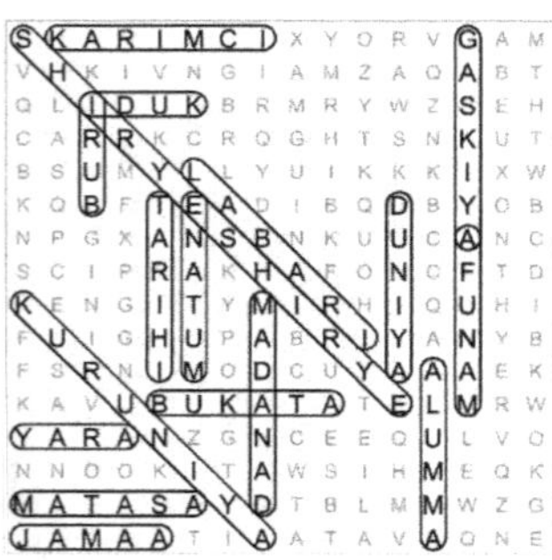

47 - Gardening

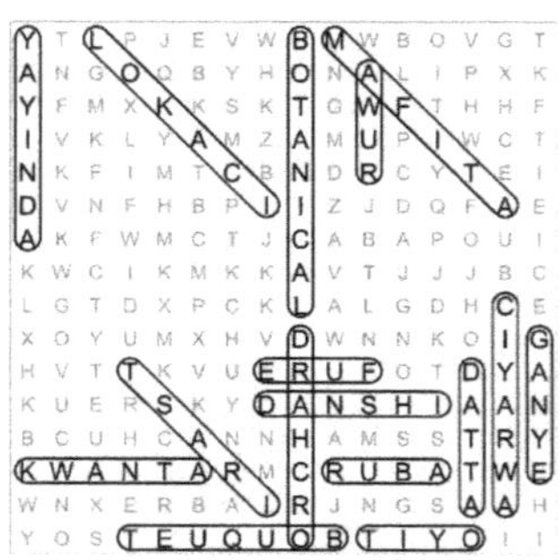

48 - Herbalism

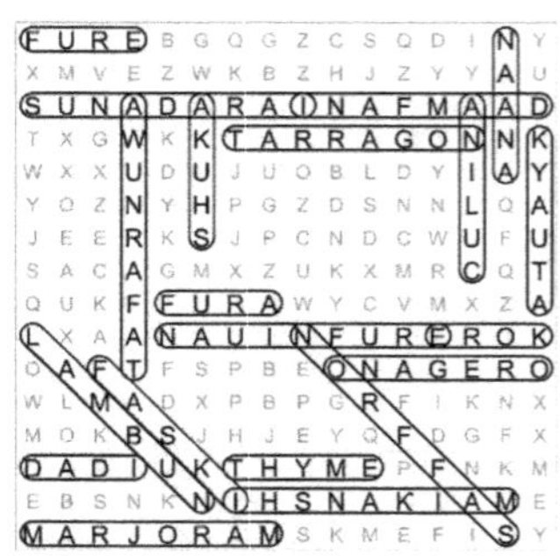

49 - Vehicles

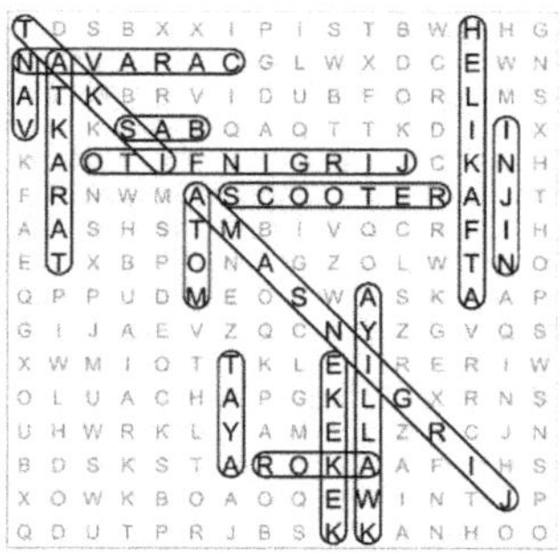

50 - Health and Wellness #1

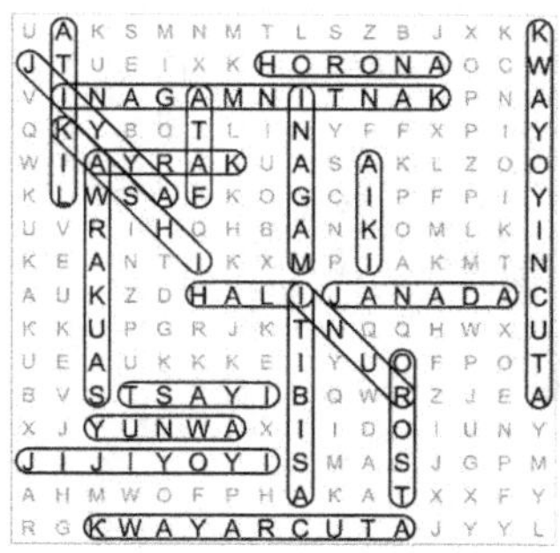

51 - Town

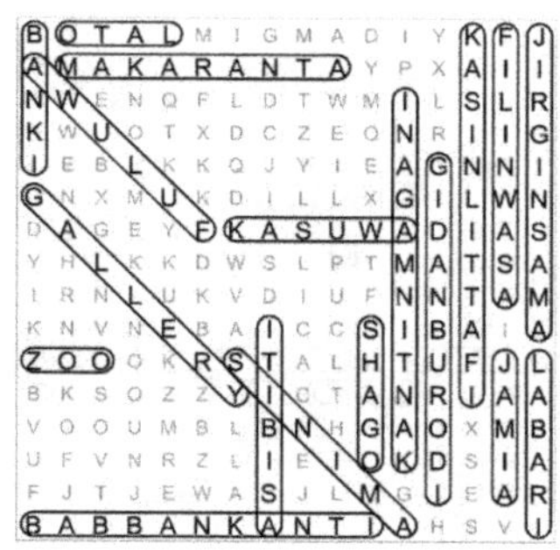

52 - Antarctica

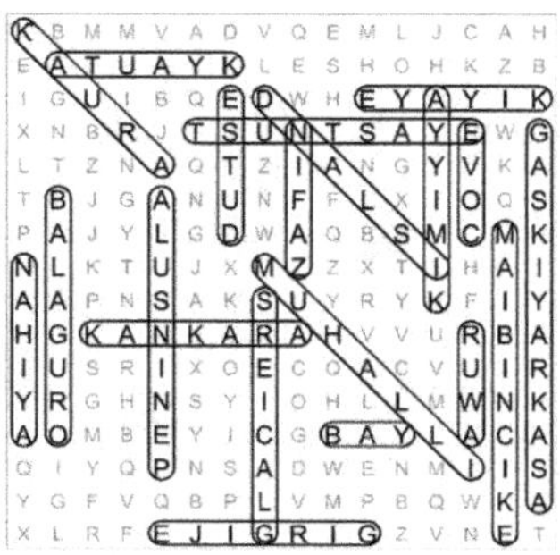

53 - Human Body

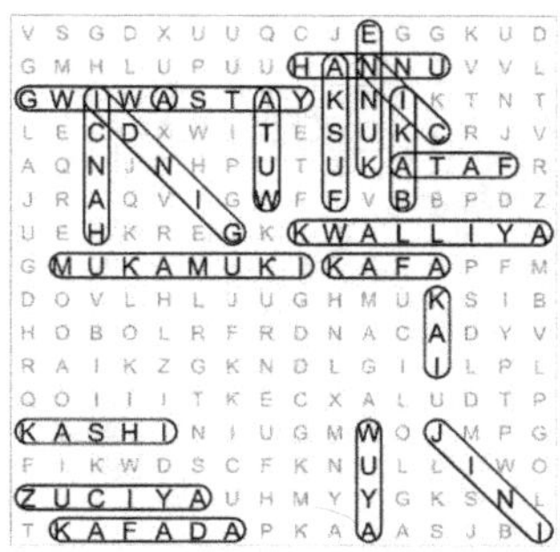

54 - Musical Instruments

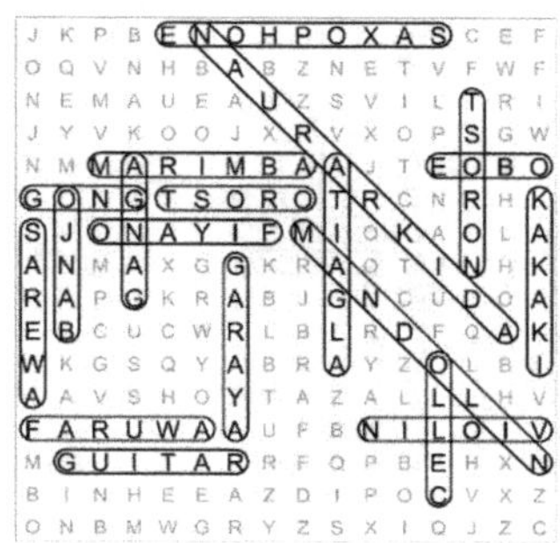

55 - Fruit

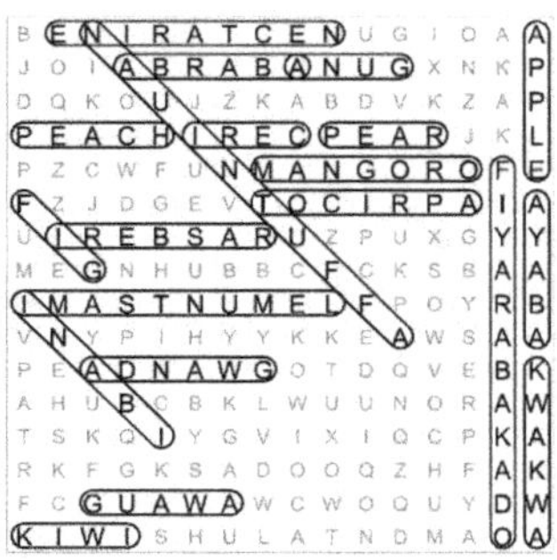

56 - Engineering

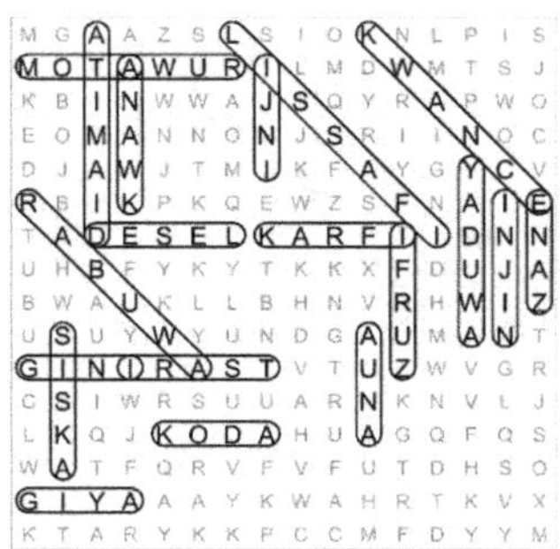

57 - Kitchen

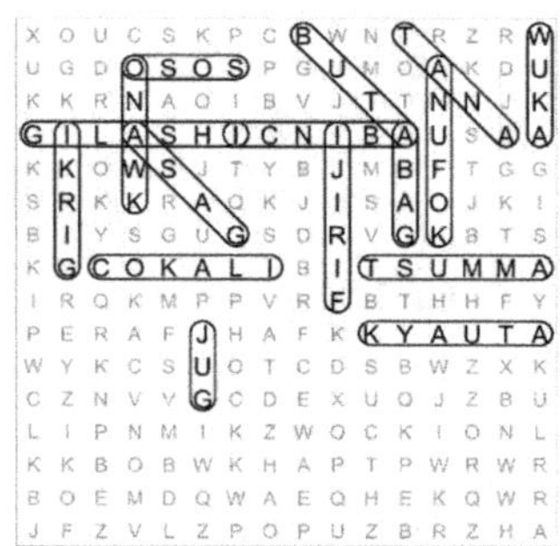

58 - Government

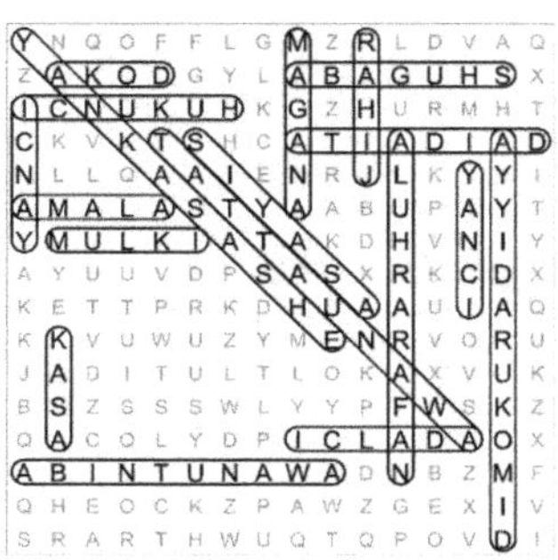

59 - Art Supplies

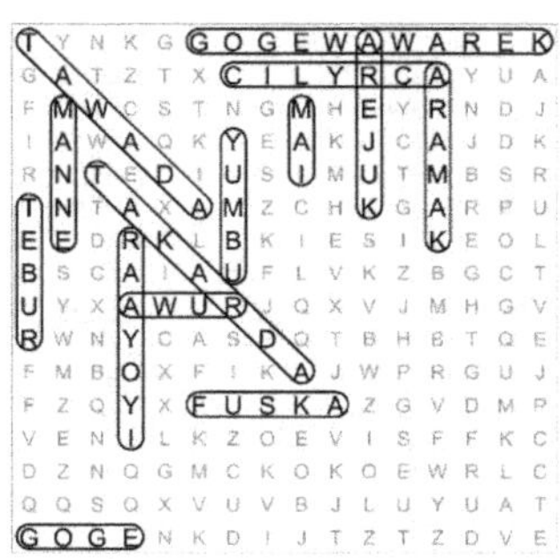

60 - Science Fiction

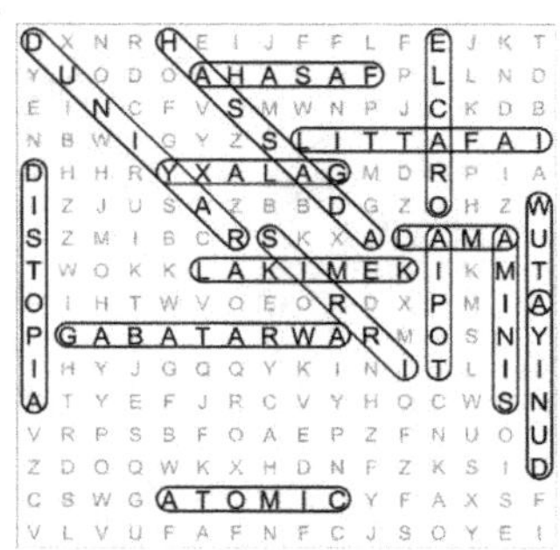

61 - Geometry

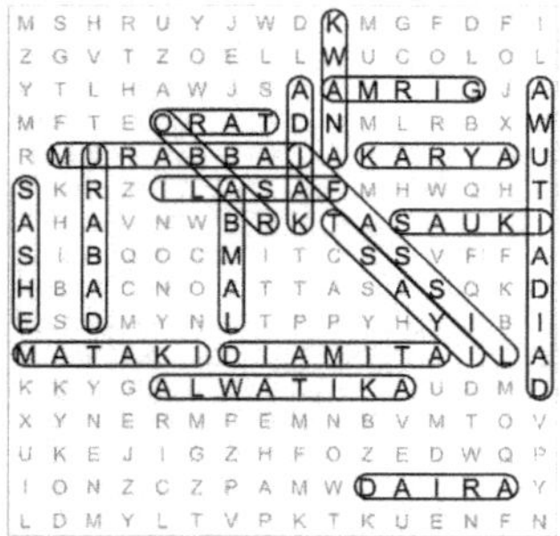

62 - Airplanes

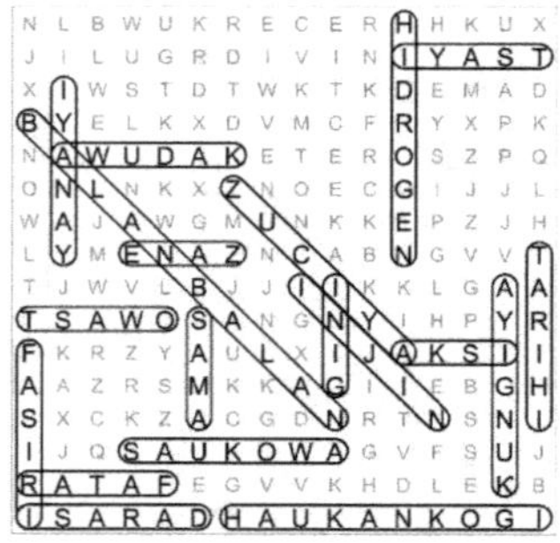

63 - Ocean

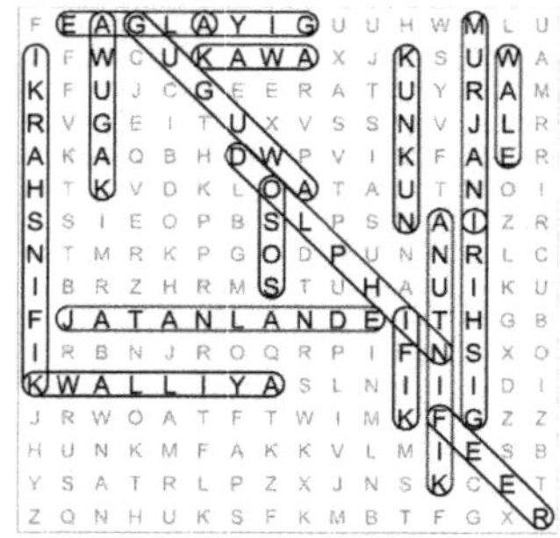

64 - Birds

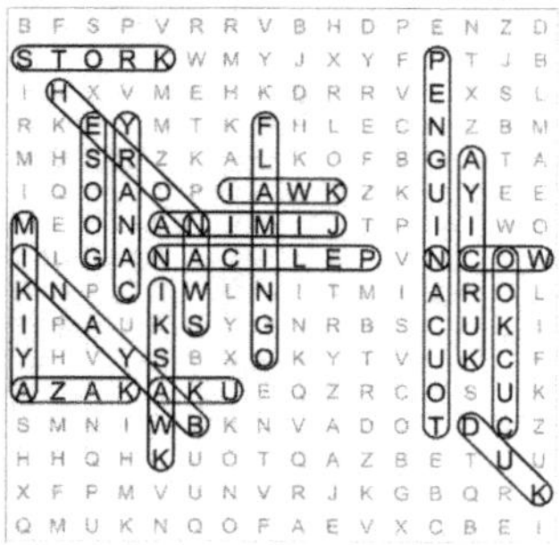

65 - Nutrition

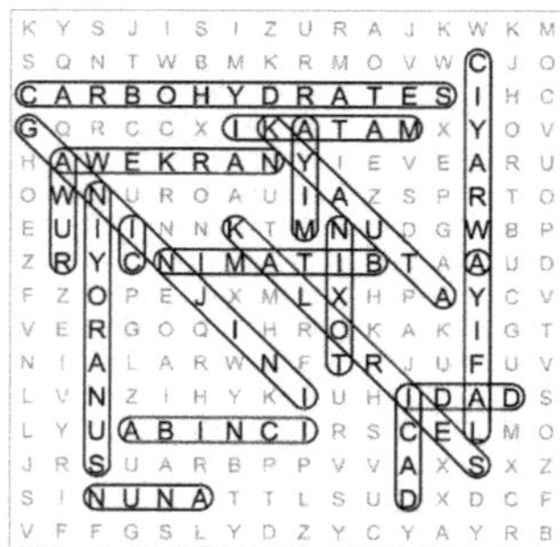

66 - Hiking

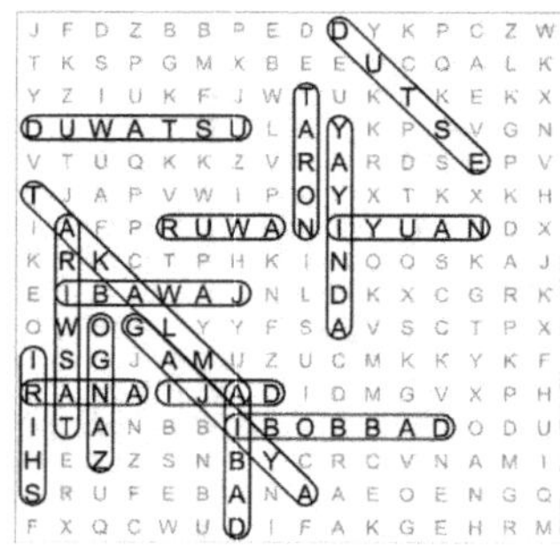

67 - Professions #1

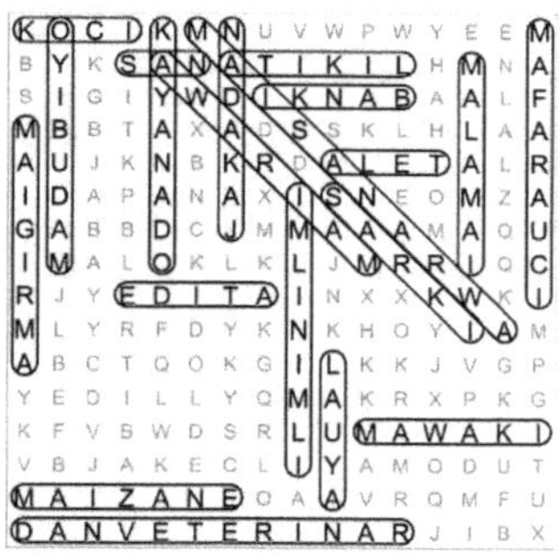

68 - Barbecues

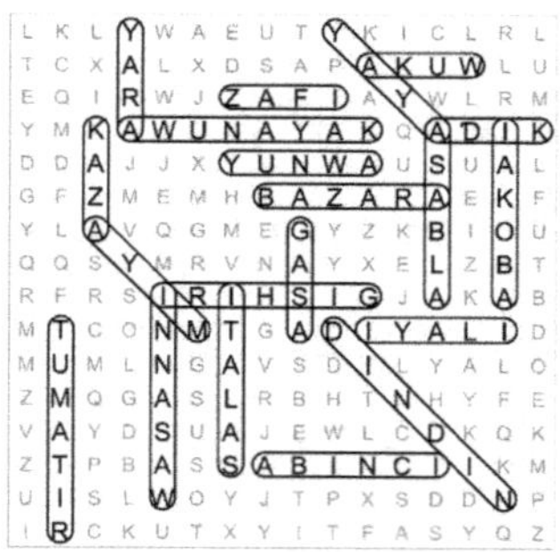

69 - Chocolate

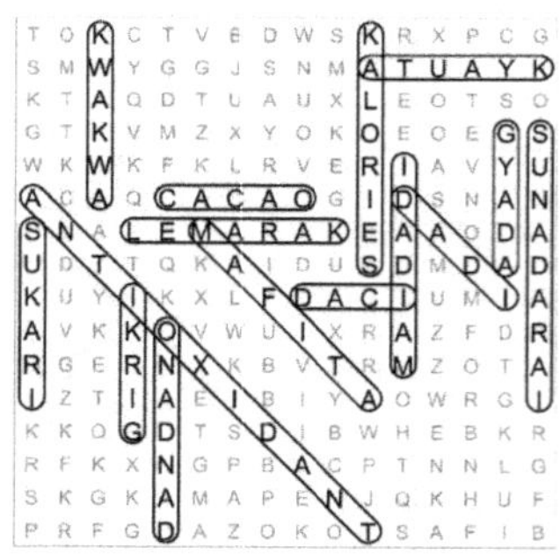

70 - Vegetables

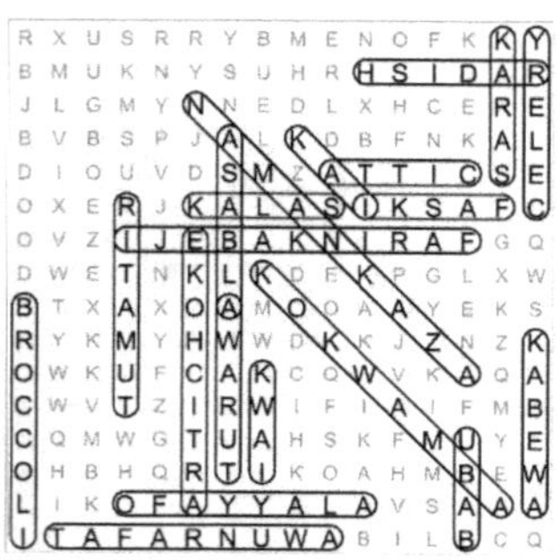

71 - Boats

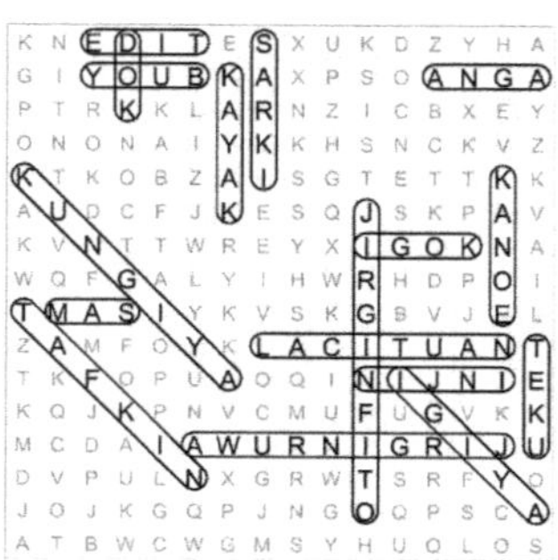

72 - Driving

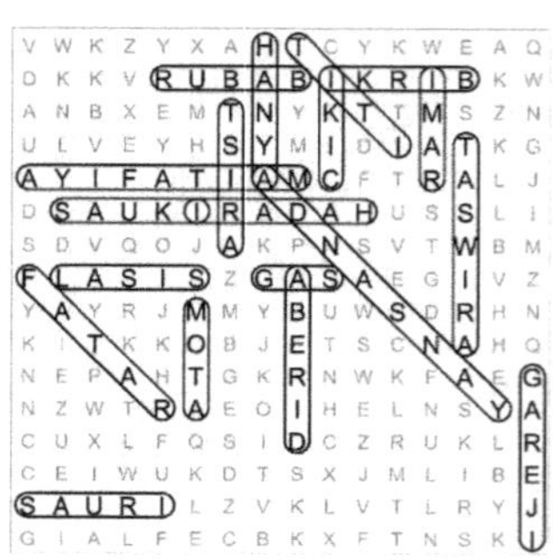

73 - Biology

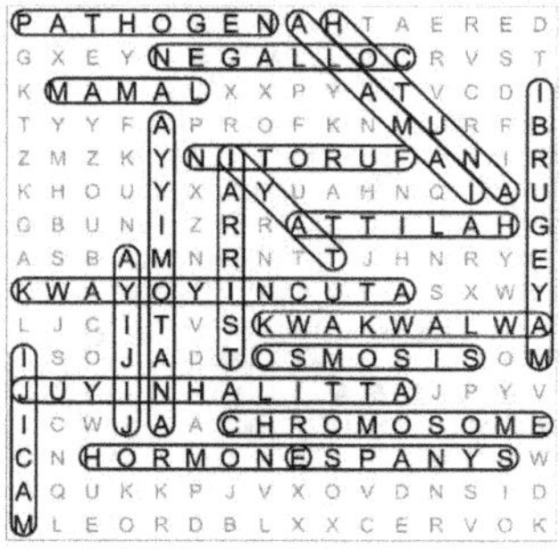

74 - Professions #2

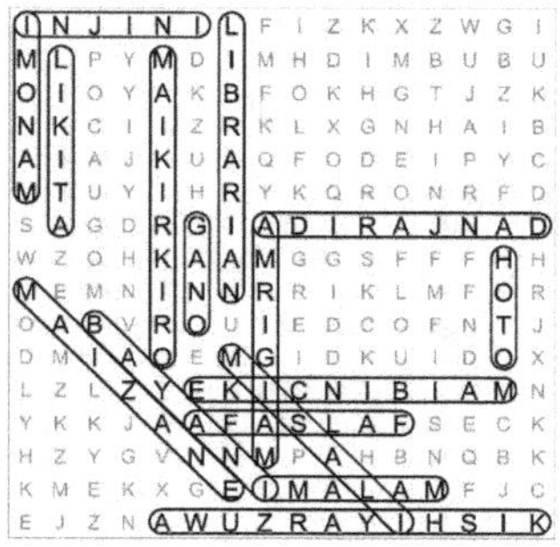

75 - Mythology

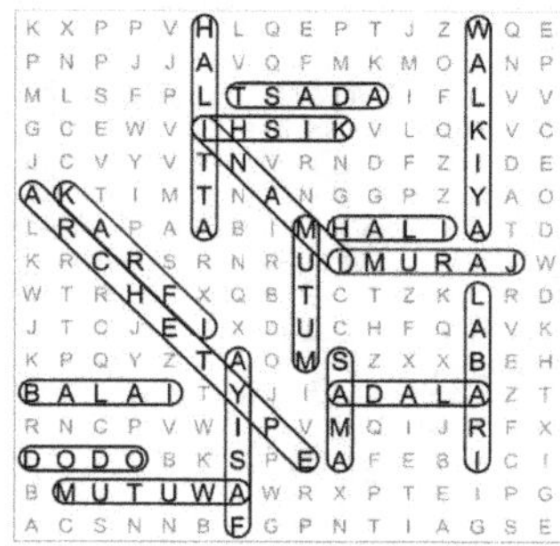

76 - Agronomy

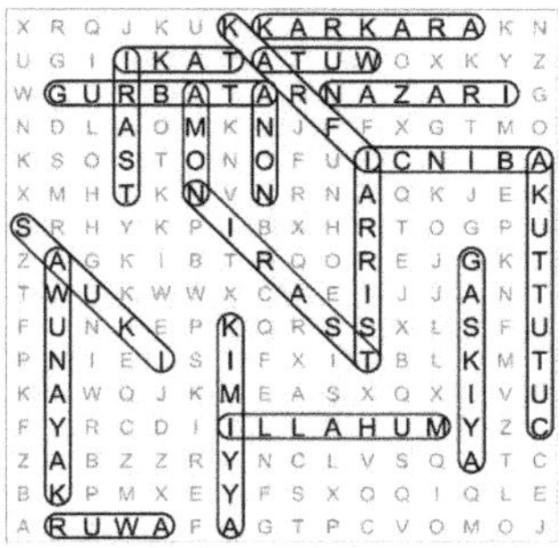

77 - Hair Types

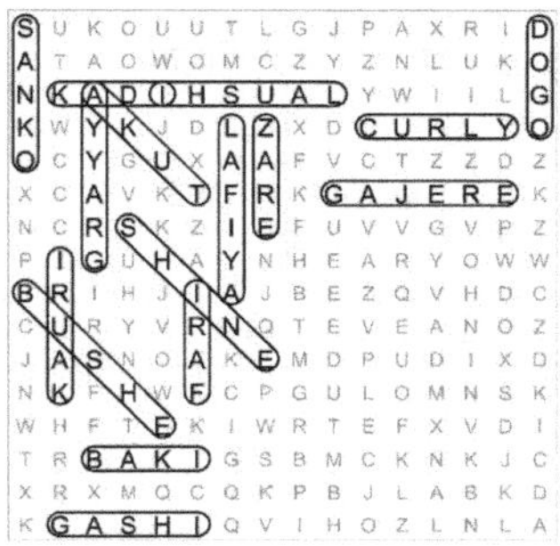

78 - Garden

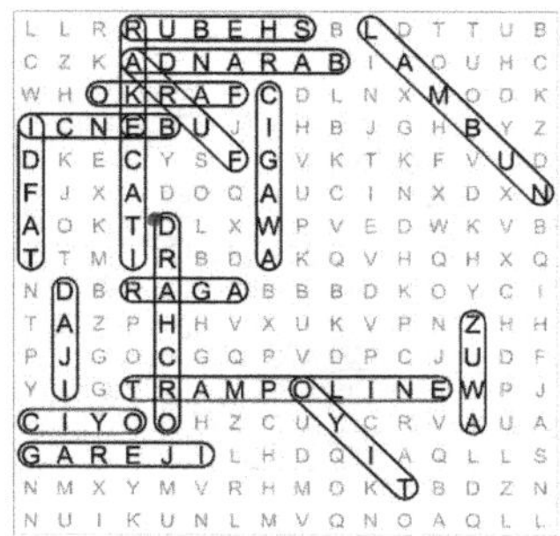

79 - Diplomacy

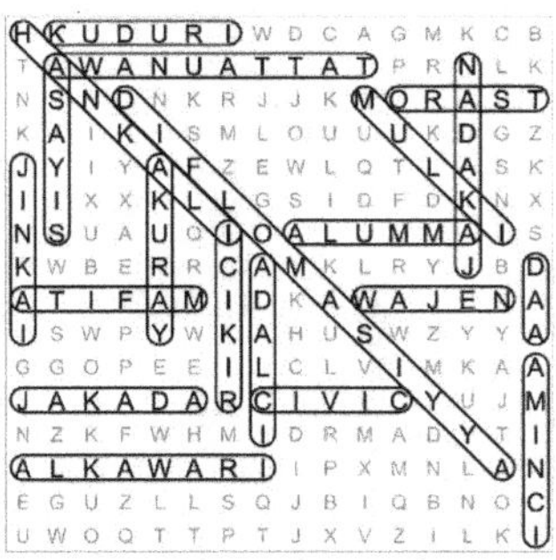

80 - Beach

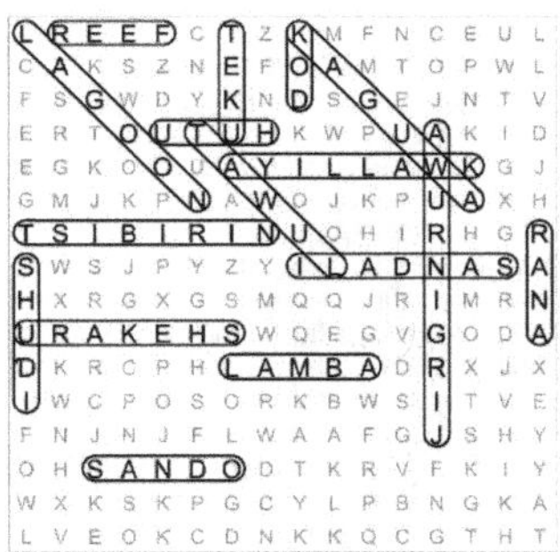

81 - Countries #1

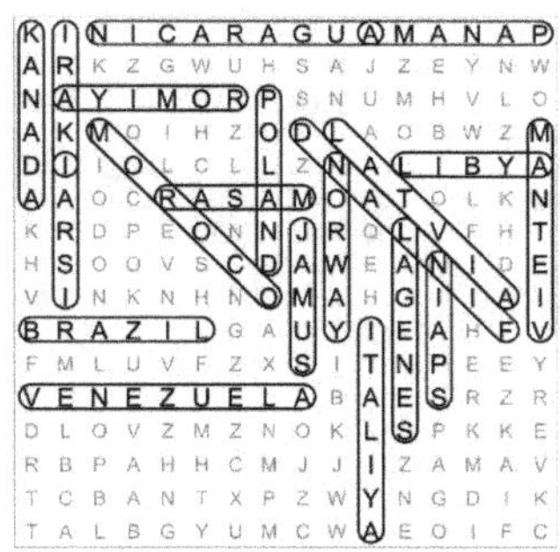

82 - Immigration

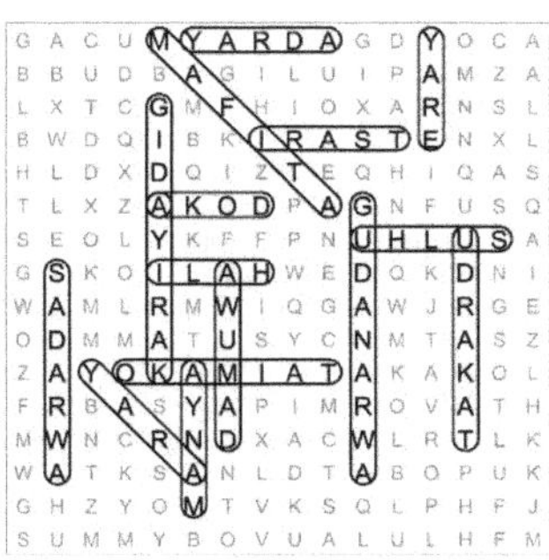

83 - Adjectives #1

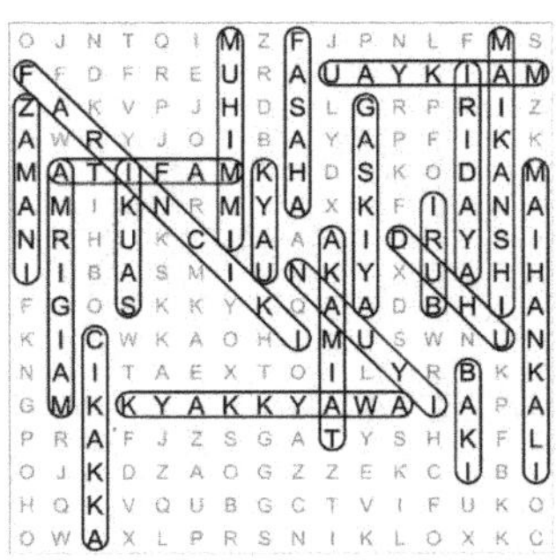

84 - Rainforest

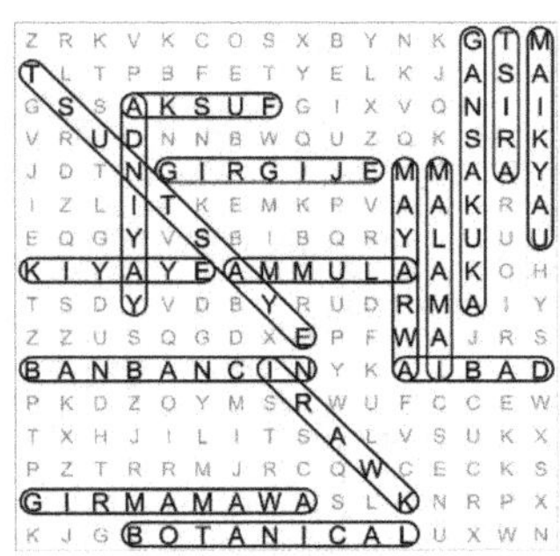

85 - Technology

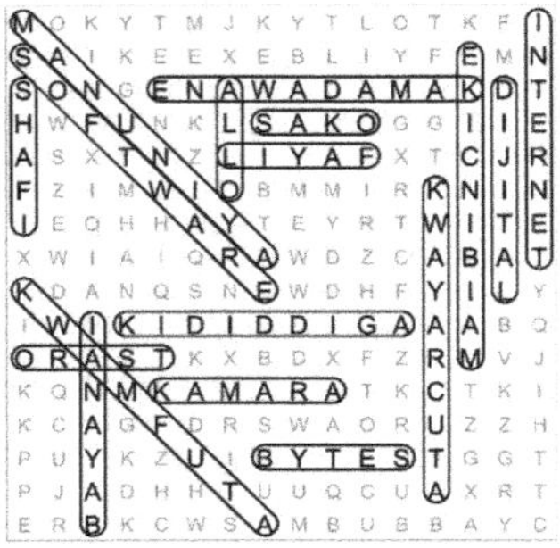

86 - Global Warming

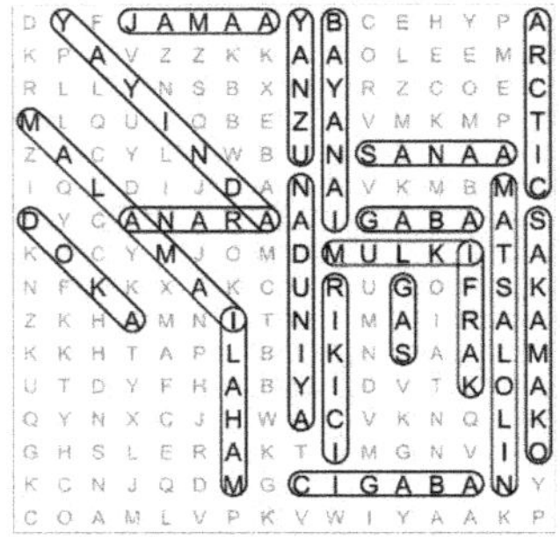

87 - Landscapes

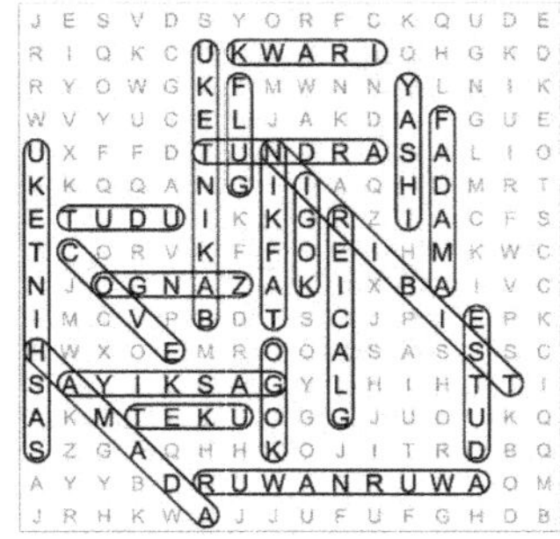

88 - Plants

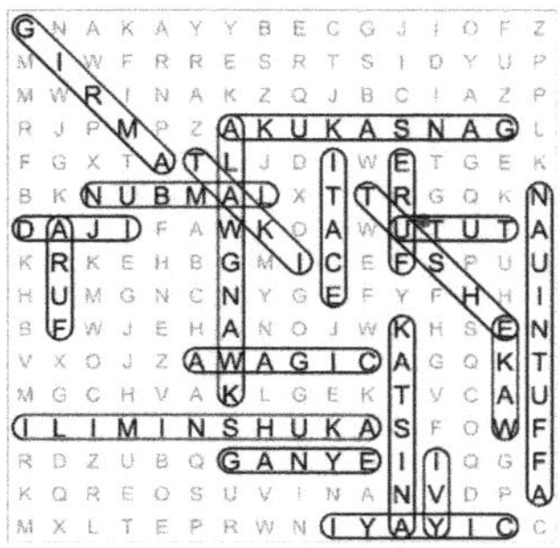

89 - Boxing

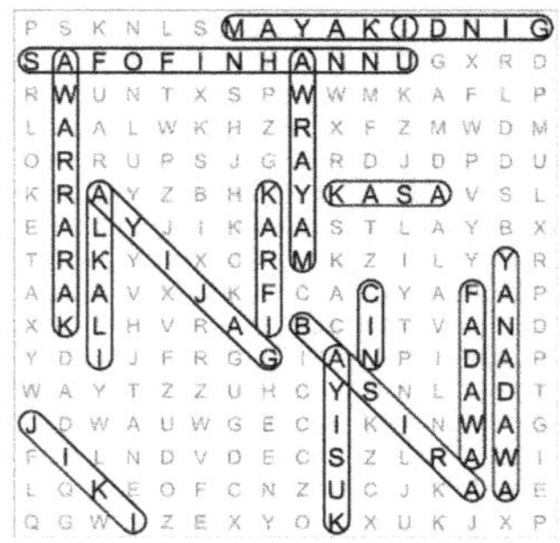

90 - Countries #2

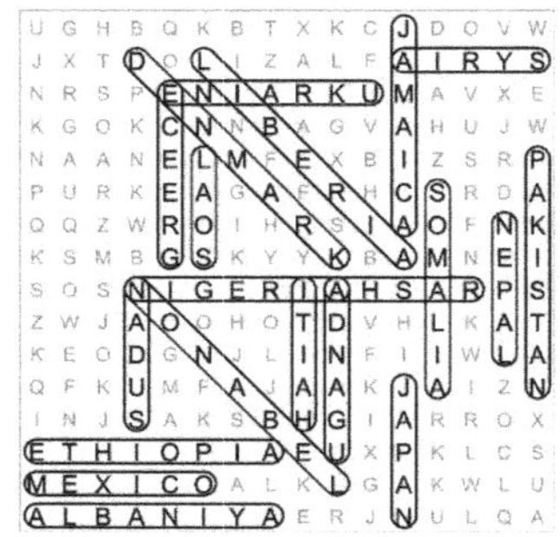

91 - Adjectives #2

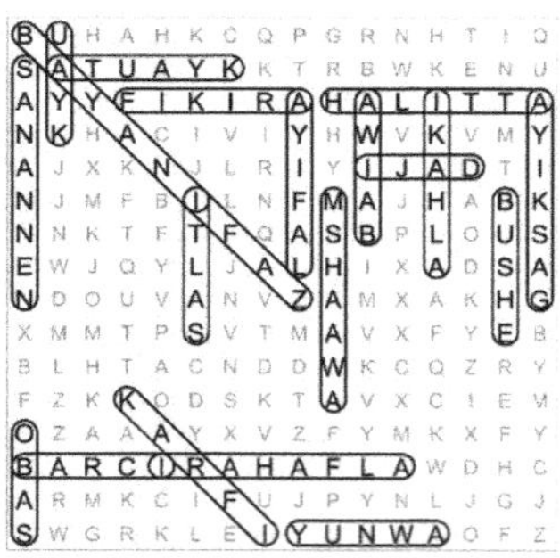

92 - Water

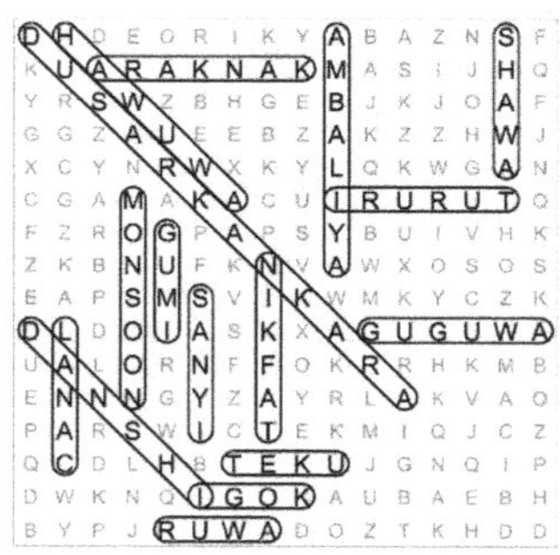

93 - Activities

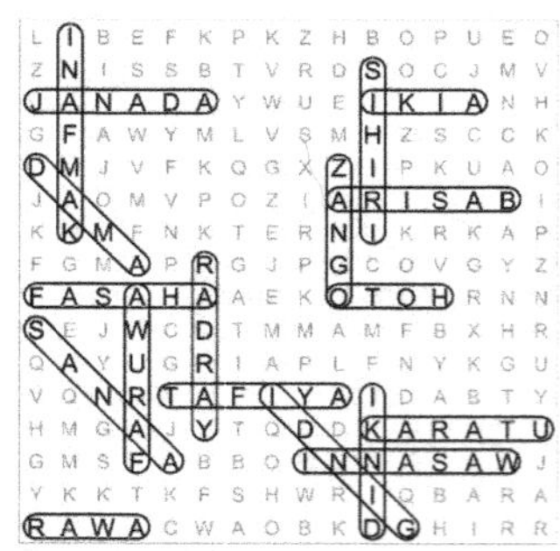

94 - Business

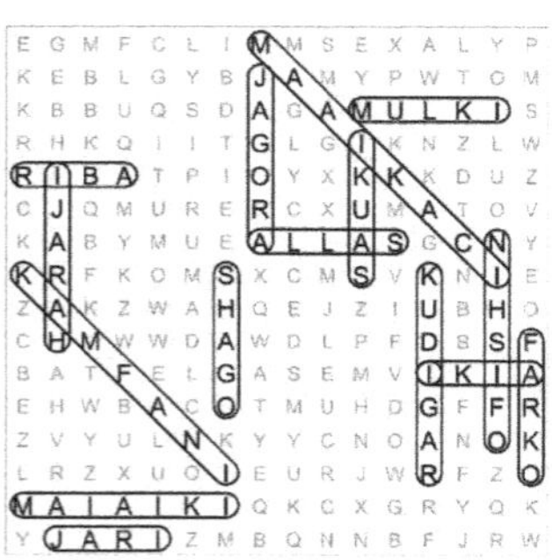

95 - The Company

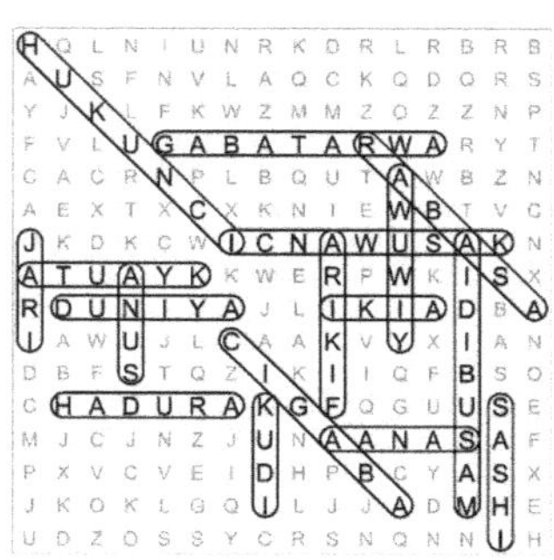

96 - Literature

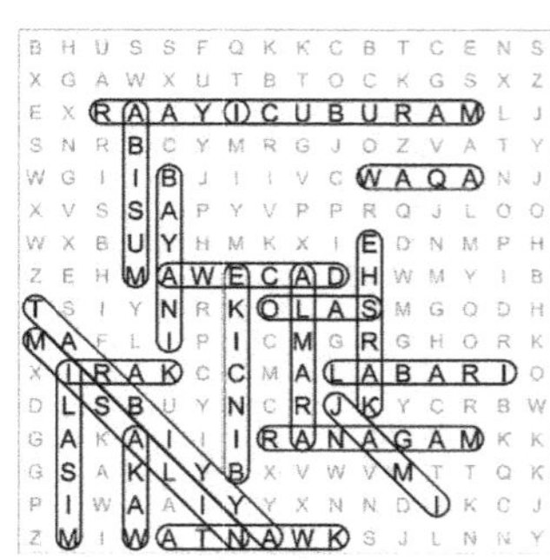

97 - Geography

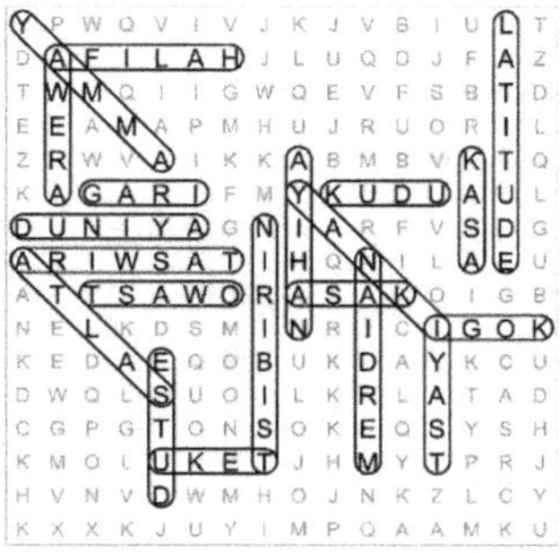

98 - Jazz

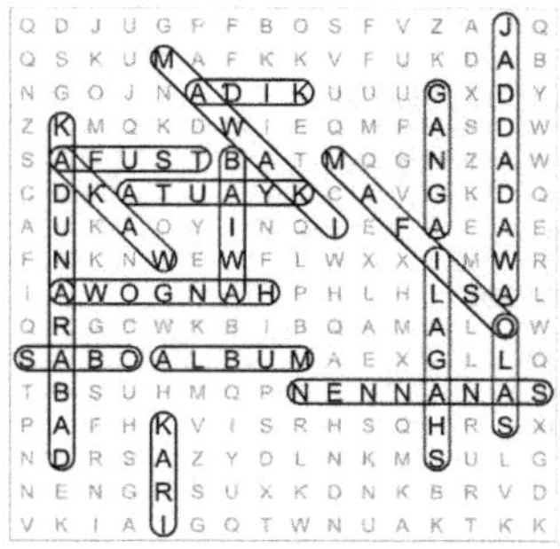

99 - Nature

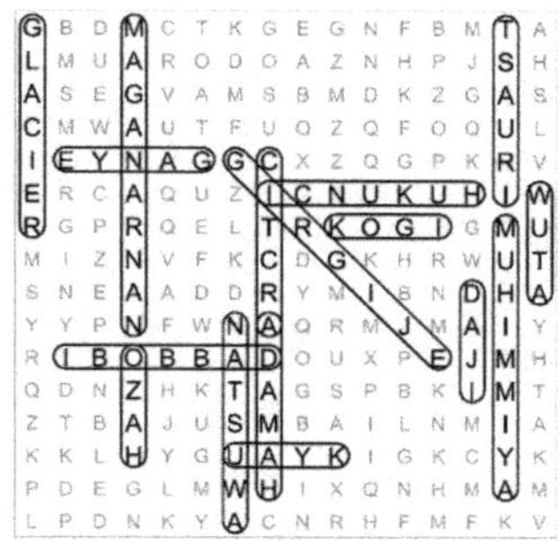

100 - Vacation #2

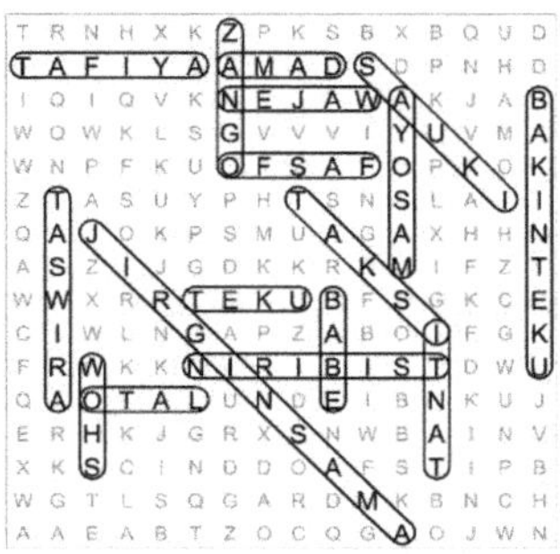

Dictionary

Activities
Ayyuka

Activity	Aiki
Art	Fasaha
Camping	Zango
Crafts	Sana'A
Dancing	Rawa
Fishing	Kamfani
Games	Wasanni
Gardening	Gindi
Hiking	Tafiya
Hunting	Faruwa
Leisure	Dama
Magic	Sihiri
Photography	Hoto
Pleasure	Yardar
Reading	Karatu
Relaxation	Janada
Sewing	Dinki
Skill	Basira

Adjectives #1
Alamomi #1

Absolute	Cikakka
Ambitious	Buri
Aromatic	Mai Kanshi
Artistic	Fasaha
Attractive	Kyakkyawa
Beautiful	Kyau
Dark	Duhu
Exotic	Mafita
Generous	Mai Girma
Happy	Farin Ciki
Heavy	Nauyi
Helpful	Taimaka
Honest	Gaskiya
Identical	Iri Daya
Important	Muhimmi
Modern	Zamani
Serious	Mai Hankali
Slow	Sauki
Thin	Baki
Valuable	Mai Kyau

Adjectives #2
Alamomi #2

Authentic	Gaskiya
Creative	Fikira
Descriptive	Bayani
Dry	Bushe
Elegant	Kyau
Famous	Sanannen
Gifted	Baiwa
Healthy	Lafiya
Hot	Zafi
Hungry	Yunwa
Interesting	M Sha'Awa
Natural	Halitta
New	Sabo
Productive	Kyauta
Proud	Alfahari
Responsible	Alhaki
Salty	Salti
Sleepy	Barci
Strong	Karfi
Wild	Daji

Adventure
Kasada

Activity	Aiki
Beauty	Kyau
Chance	Dama
Dangerous	Mai Hadari
Destination	Masoya
Difficulty	Wuya
Enthusiasm	Sha'Awa
Excursion	Balaguro
Friends	Abokai
Itinerary	Hanya
Joy	Murna
Nature	Dabi'A
Navigation	Kawai
New	Sabo
Preparation	Shiri
Safety	Tsira
Unusual	Mun Saba

Agronomy
Ilimin Aikin Gona

Agriculture	Nona
Diseases	Cututtuka
Energy	Karfi
Environment	Muhalli
Erosion	Wuta
Farming	Noma
Fertilizer	Taki
Food	Abinci
Organic	Gaskiya
Plants	Tsirrai
Pollution	Gurbata
Production	Sauki
Rural	Karkara
Science	Kimiyya
Seeds	Tsari
Study	Nazari
Systems	Tsarin
Vegetables	Kayan Uwa
Water	Ruwa

Airplanes
Jiragen Sama

Adventure	Kaduwa
Air	Iska
Altitude	Tsawo
Atmosphere	Yanayi
Balloon	Balan-Balan
Construction	Gini
Crew	Kungiya
Descent	Zuciya
Design	Zane
Direction	Darasi
Engine	Injin
Fuel	Fatar
Height	Tsayi
History	Tarihi
Hydrogen	Hidrogen
Landing	Saukowa
Passenger	Fasiri
Sky	Sama
Turbulence	Haukan Kogi

Algebra
Algebra

Diagram	Zane
Equation	Daidaituwa
Exponent	Bayani
Factor	Gaskiya
False	Karya
Formula	Dabara
Infinite	Iyaka
Linear	Layi-Layi
Matrix	Matrix
Number	Lamba
Parenthesis	Kyautatawa
Problem	Matsala
Simplify	Sauki
Solution	Mafita
Subtraction	Rage
Variable	Canji
Zero	Sifili

Antarctica
Antarctica

Bay	Bay
Birds	Tsuntsaye
Clouds	Girgije
Conservation	Kiyaye
Continent	Nahiya
Cove	Cove
Environment	Muhalli
Expedition	Balaguro
Geography	Gaskiyar Kasa
Glaciers	Glaciers
Ice	Kankara
Islands	Island
Migration	Kaura
Peninsula	Peninsula
Researcher	Mai Bincike
Rocky	Dutse
Scientific	Kimiyya
Temperature	Zafin
Topography	Kyauta
Water	Ruwa

Antiques
Kayan Gargajiya

Art	Fasaha
Auction	Gwanjo
Authentic	Gaskiya
Century	Karni
Coins	Cinsu
Decorative	Ado
Elegant	Kyau
Furniture	Kayan Aiki
Gallery	Gallery
Investment	Jari
Old	Tsufa
Price	Farashi
Quality	Kyauta
Restoration	Mayarwa
Style	Salo
Unusual	Mun Saba
Value	Daraja

Archeology
Archaeology

Analysis	Bincike
Antiquity	Tsufa
Bones	Kashi
Civilization	Wayewa
Descendant	Zuriya
Era	Zamani
Evaluation	Kyauta
Expert	Gwani
Forgotten	Manta
Mystery	Asiri
Objects	Abubuwa
Relic	Sake
Researcher	Mai Bincike
Team	Kungiya
Temple	Haka
Tomb	Kabari

Art Supplies
Kayayyakin Fasaha

Acrylic	Acrylic
Brushes	Goge
Camera	Kamara
Chair	Kujera
Clay	Yumbu
Creativity	Kerawa
Eraser	Gogewa
Glue	Manne
Ideas	Ra'Ayoyi
Ink	Tawada
Oil	Mai
Paper	Takarda
Pencils	Fuska
Table	Tebur
Water	Ruwa

Astronomy
Ilimin Taurari

Asteroid	Asteroid
Astronaut	Bayani
Astronomer	Mai Sanarwa
Constellation	Makarkashiya
Cosmos	Cosmos
Earth	Duniya
Eclipse	Eclipse
Equinox	Equinox
Galaxy	Galaxy
Meteor	Meteor
Moon	Wata
Nebula	Nebula
Observatory	Lura
Planet	Duniyar
Radiation	Radadi
Rocket	Roka
Sky	Sama
Solar	Hasken Rana
Supernova	Supernova
Zodiac	Zodiac

Barbecues
Barbecues

Chicken	Kaza
Children	Yara
Dinner	Din Din
Family	Iyali
Food	Abinci
Friends	Abokai
Fruit	'Ya'Ya
Games	Wasanni
Grill	Gasa
Hot	Zafi
Hunger	Yunwa
Knives	Wuka
Music	Kiɗa
Onions	Albasa
Salads	Salati
Salt	Gishiri
Sauce	Miya
Summer	Bazara
Tomatoes	Tumatir
Vegetables	Kayan Uwa

Beach
Bakin Teku

Blue	Shuɗi
Boat	Kwalliya
Coast	Shekaru
Crab	Kaguwa
Dock	Dok
Island	Tsibirin
Lagoon	Lagoon
Reef	Reef
Sailboat	Jirgin Ruwa
Sand	Sando
Sandals	Sandali
Sea	Teku
Sun	Rana
Towel	Tawul
Umbrella	Lamba
Vacation	Hutu

Beauty
Kyau

Color	Launi
Cosmetics	Kosmetics
Curls	Gashi
Elegance	Kyauta
Elegant	Kyau
Fragrance	Kamshi
Grace	Alheri
Lipstick	Jan Baki
Mascara	Mascara
Mirror	Madubi
Photogenic	Hoto
Scissors	Cissors
Services	Ayyuka
Shampoo	Shamfu
Skin	Fata
Stylist	Tsari

Bees
Kudan Zuma

Beneficial	Da Amfani
Blossom	Fure
Diversity	Banbancin
Flowers	Furai
Food	Abinci
Fruit	'Ya'Ya
Garden	Lambun
Hive	Hiv
Honey	Zuma
Insect	Kwari
Plants	Tsirrai
Pollen	Pollen
Pollinator	Pollinator
Queen	Sarauniya
Smoke	Hayaki
Sun	Rana
Swarm	Taro
Wax	Kakin Zuma
Wings	Fuka-Fuki

Biology
Halittu

Anatomy	Anatomiyya
Bacteria	Kwayoyin Cuta
Chromosome	Chromosome
Collagen	Collagen
Embryo	Tayi
Evolution	Juyin Halitta
Hormone	Hormone
Mammal	Mamal
Mutation	Maye Gurbi
Natural	Halitta
Nerve	Jijiya
Neuron	Kwakwalwa
Osmosis	Osmosis
Pathogen	Pathogen
Photosynthesis	Hotuna
Plants	Tsirrai
Protein	Furotin
Reptile	Maciji
Symbiosis	Alamai
Synapse	Synapse

Birds
Tsuntsaye

Canary	Canary
Chicken	Kaza
Crow	Cow
Cuckoo	Cuckoo
Dove	Kurciya
Duck	Duk
Eagle	Mikiya
Egg	Kwai
Flamingo	Flamingo
Goose	Goose
Heron	Heron
Ostrich	Jimina
Parrot	Aku
Peacock	Kwaski
Pelican	Pelican
Penguin	Penguin
Sparrow	Bayani
Stork	Stork
Swan	Swan
Toucan	Toucan

Boats
Jiragen Ruwa

Anchor	Anga
Buoy	Buoy
Canoe	Kanoe
Crew	Kungiya
Dock	Dok
Engine	Injin
Ferry	Jirgin Fito
Kayak	Kayak
Lake	Tafkin
Mast	Mas
Nautical	Nautical
River	Kogi
Rope	Igiya
Sailor	Sarki
Sea	Teku
Tide	Tide
Yacht	Jirgin Ruwa

Books
Littattafai

Adventure	Kaduwa
Author	Marubuci
Collection	Tari
Context	Duniya
Duality	Tagwaye
Epic	Almara
Historical	Tarihi
Humorous	Mai Hankali
Inventive	Kyauta
Literary	Adabi
Page	Shafi
Poetry	Waka
Reader	Mai Karatu
Relevant	Dacewa
Series	Jeri
Story	Labari
Tragic	Malumci
Written	Rubutu

Boxing
Dambe

Bell	Kararrawa
Body	Jiki
Chin	Cin
Corner	Kusiya
Elbow	Gindi
Exhausted	Gajiya
Fighter	Mayaki
Focus	Mayarwa
Gloves	Safofin Hannu
Kick	Kasa
Opponent	'Yan Adawa
Recovery	Fadawa
Referee	Alkali
Skill	Basira
Strength	Karfi

Buildings
Gine-Gine

Apartment	Apartment
Barn	Yara
Cabin	Gida
Castle	Kastle
Cathedral	Katodra
Cinema	Sinima
Embassy	Jakada
Factory	Farko
Farm	Gona
Garage	Gareji
Hospital	Asibiti
Hotel	Otal
Observatory	Lura
School	Makaranta
Stadium	Filin Wasa
Supermarket	Babban Kanti
Tent	Tanti
Tower	Hasumiya
University	Jami'A
Workshop	Bita

Business
Kasuwanci

Career	Aiki
Company	Kamfani
Currency	Kudi
Discount	Ragi
Employee	Ma'Aikaci
Employer	Mai Aiki
Factory	Farko
Investment	Jari
Manager	Jagora
Merchandise	Sauki
Office	Ofishin
Profit	Riba
Sale	Salla
Shop	Shago
Taxes	Haraji
Transaction	Mulki

Camping
Zango

Adventure	Kaduwa
Animals	Dabbobi
Cabin	Gida
Canoe	Kanoe
Compass	Kamfas
Fire	Wuta
Forest	Daji
Fun	Nishadi
Hammock	Raga
Hat	Hatin
Hunting	Faruwa
Insect	Kwari
Lake	Tafkin
Map	Taswira
Moon	Wata
Mountain	Dutse
Nature	Dabi'A
Rope	Igiya
Tent	Tanti
Trees	Itatuwa

Chemistry
Chemistry

Acid	Acid
Alkaline	Alkaline
Atomic	Atomic
Carbon	Karbon
Catalyst	Arziki
Chlorine	Kolori
Electron	Electron
Elements	Abubuwa
Gas	Gas
Heat	Zafi
Hydrogen	Hidrogen
Ion	Ion
Liquid	Ruwa
Metals	Karfe
Molecule	Kwayoyin
Organic	Gaskiya
Oxygen	Oxygen
Salt	Gishiri
Temperature	Zafin
Weight	Nuna

Chess
Dara

Black	Baki
Champion	Zakara
Contest	Gaskiya
Diagonal	Layi
Game	Wasa
King	Sarki
Opponent	'Yan Adawa
Passive	Mulki
Player	Dan Wasa
Queen	Sarauniya
Sacrifice	Sadaukarwa
Strategy	Dabarun
Time	Lokaci
Tournament	Gasar
White	Fari

Chocolate
Cakulan

Antioxidant	Antioxidant
Bitter	Daci
Cacao	Cacao
Calories	Kalories
Caramel	Karamel
Coconut	Kwakwa
Exotic	Mafita
Flavor	Dadi
Ingredient	Sunadarai
Peanuts	Gyada
Quality	Kyauta
Recipe	Girki
Sugar	Sukari
Sweet	Mai Dadi
Taste	Dandano

Clothes
Tufafi

Apron	Gaba
Belt	Bel
Blouse	Budurwa
Bracelet	Munnu
Coat	Gashi
Dress	Rigar
Fashion	Fashin
Gloves	Safofin Hannu
Hat	Hatin
Jacket	Jaket
Jeans	Jean
Necklace	Wuya
Pajamas	Kayan Bacci
Pants	Wando
Sandals	Sandali
Scarf	Mayafi
Shirt	Shirt
Shoe	Takalla
Skirt	Siket
Sweater	Seater

Colors
Launuka

Azure	Azure
Beige	Beige
Black	Baki
Blue	Shuɗi
Cyan	Cyan
Fuchsia	Fuchsia
Green	Kore
Grey	Grayya
Magenta	Magenta
Orange	Orange
Pink	Ruwan Hoda
Purple	M
Red	Ja
Sepia	Sepia
Violet	Violet
White	Fari
Yellow	Yelu

Countries #1
Kasashe #1

Brazil	Brazil
Canada	Kanada
Egypt	Masar
Finland	Finland
Germany	Jamus
Iraq	Iraki
Israel	Isra'l
Italy	Italiya
Latvia	Latvia
Libya	Libya
Morocco	Moroco
Nicaragua	Nicaragua
Norway	Norway
Panama	Panama
Poland	Poland
Romania	Romiya
Senegal	Senegal
Spain	Spain
Venezuela	Venezuela
Vietnam	Vietnam

Countries #2
Kasashe #2

Albania	Albaniya
Denmark	Denmark
Ethiopia	Ethiopia
Greece	Greece
Haiti	Haiti
Jamaica	Jamaica
Japan	Japan
Laos	Laos
Lebanon	Lebanon
Liberia	Liberia
Mexico	Mexico
Nepal	Nepal
Nigeria	Nigeria
Pakistan	Pakistan
Russia	Rasha
Somalia	Somalia
Sudan	Sudan
Syria	Syria
Uganda	Uganda
Ukraine	Ukraine

Days and Months
Kwanaki da Watanni

April	Afrilu
August	Agusta
Calendar	Kalanda
February	Fabrairu
Friday	Juma'A
January	Janairu
July	Yuli
March	Maris
Monday	Litinin
Month	Wata
November	Nomba
October	Oktoba
Saturday	Asabar
September	Satumba
Sunday	Lahadi
Thursday	Alhamis
Tuesday	Talata
Wednesday	Laraba
Week	Sati
Year	Shekara

Diplomacy
Diplomasiya

Ambassador	Jakadan
Civic	Civic
Community	Al'Umma
Conflict	Rikici
Cooperation	Hankali
Diplomatic	Diflomasiyya
Discussion	Tattaunawa
Embassy	Jakada
Ethics	Da'A
Foreign	Wajen
Government	Mulki
Humanitarian	Jin Kai
Integrity	Aminci
Justice	Adalci
Languages	Yaruka
Politics	Siyasa
Resolution	Kuduri
Security	Tsaro
Solution	Mafita
Treaty	Alkawari

Disease
Cututtuka

Abdominal	Ciki
Allergies	Aljanu
Body	Jiki
Bones	Kashi
Contagious	Yaduwa
Genetic	Halitta
Health	Lafiya
Heart	Zuciya
Hereditary	Gado
Immunity	Rigakafi
Inflammation	Cutarwa
Lumbar	Katako
Neuropathy	Jini
Respiratory	Hukunci
Syndrome	Ciwo
Therapy	Magani
Weak	Rauni

Driving
Tuki

Brakes	Birki
Danger	Hadari
Driver	Direba
Fuel	Fatar
Garage	Gareji
Gas	Gas
License	Lasis
Map	Taswira
Motor	Mota
Motorcycle	Babur
Pedestrian	Mai Tafiya
Police	'Yan Sanda
Road	Hanya
Safety	Tsira
Speed	Sauri
Street	Titi
Traffic	Ciki
Transportation	Sauki
Truck	Mota
Tunnel	Rami

Energy
Makamashi

Battery	Batiri
Carbon	Karbon
Diesel	Desel
Electric	Lantarki
Electron	Electron
Engine	Injin
Entropy	Shiga
Environment	Muhalli
Fuel	Fatar
Gasoline	Fetur
Heat	Zafi
Hydrogen	Hidrogen
Industry	Sana'A
Motor	Mota
Photon	Hoto
Pollution	Gurbata
Renewable	Sanarwa
Steam	Tururi
Turbine	Tururuwa
Wind	Iska

Engineering
Injiniya

Angle	Kwana
Axis	Aksis
Calculation	Lissafi
Construction	Gini
Depth	Zurfi
Diagram	Zane
Diameter	Diamita
Diesel	Desel
Distribution	Rabuwa
Energy	Karfi
Engine	Injin
Gears	Giya
Levers	Koda
Liquid	Ruwa
Machine	Inji
Measurement	Auna
Motor	Mota
Propulsion	Yaduwa
Stability	Kwance
Structure	Tsari

Ethics
Da'A

Altruism	Altruism
Compassion	Tausayi
Dignity	Daraja
Diplomatic	Diflomasiyya
Humanity	Dan Adam
Individualism	Yan Uwa
Integrity	Aminci
Kindness	Alheri
Optimism	Kyauta
Patience	Hakuri
Philosophy	Fasifa
Rationality	Hankali
Realism	Gaskiya
Reasonable	Da Hikima
Respectful	Girmamawa
Wisdom	Hikima

Family
Iyali

Ancestor	Kakane
Aunt	Inna
Childhood	Yaro
Children	Yara
Cousin	Dan Uwa
Daughter	'Yar
Father	Uba
Grandchild	Jikan
Grandfather	Kaka
Grandson	Jika
Husband	Miji
Mother	Uwa
Nephew	Dan Wa
Niece	Nice
Paternal	Na Uba
Sister	Yar'Uwa
Uncle	Kane
Wife	Mata

Farm #1
Gona #1

Agriculture	Nona
Bee	Kudan Zuma
Bison	Bison
Calf	Maraki
Cat	Mage
Chicken	Kaza
Cow	Sannu
Crow	Cow
Dog	Kare
Donkey	Jiki
Fence	Farko
Fertilizer	Taki
Field	Filin
Goat	Awaki
Hay	Akwai
Honey	Zuma
Horse	Doki
Rice	Shinkafa
Seeds	Tsari
Water	Ruwa

Farm #2
Gona #2

Animals	Dabbobi
Barley	Sha'Ir
Barn	Yara
Corn	Masara
Duck	Duk
Farmer	Manomi
Food	Abinci
Fruit	'Ya'Ya
Irrigation	Ruwa
Lamb	Dan Tunkiya
Llama	Harshen Wuta
Meadow	Kyauta
Milk	Madara
Orchard	Orchard
Sheep	Tumaki
Tractor	Tarakta
Wheat	Alama
Windmill	Windill

Fishing
Kamun Kifi

Bait	Koto
Basket	Kwando
Beach	Bakin Teku
Boat	Kwalliya
Cook	Dafa
Exaggeration	Kari
Fins	Lafiya
Gills	Gills
Hook	Kyauta
Jaw	Mukamuki
Lake	Tafkin
Ocean	Teku
Patience	Hakuri
River	Kogi
Water	Ruwa
Weight	Nuna

Food #1
Abinci #1

Apricot	Apricot
Barley	Sha'Ir
Carrot	Karas
Cinnamon	Kirfa
Garlic	Tafarnuwa
Juice	Ruwa
Lemon	Lemun Tsami
Milk	Madara
Onion	Albasa
Peanut	Gyada
Pear	Pear
Salad	Salak
Salt	Gishiri
Soup	Miya
Spinach	Alayyafo
Strawberry	Sauranci
Sugar	Sukari
Tofu	Tofu
Tuna	Kifin Tuna
Turnip	Turawa

Food #2
Abinci #2

Apple	Apple
Artichoke	Artichoke
Banana	Ayaba
Broccoli	Broccoli
Celery	Celery
Cheese	Cuku
Cherry	Ceri
Chicken	Kaza
Chocolate	Cakulan
Egg	Kwai
Eggplant	Kwai
Fish	Kifi
Grape	Inabi
Ham	Naman Alade
Kiwi	Kiwi
Mushroom	Naman Kaza
Rice	Shinkafa
Tomato	Tumatir
Wheat	Alama
Yogurt	Yogurt

Fruit
'Ya'yan Itace

Apple	Apple
Apricot	Apricot
Avocado	Fiyar Abakado
Banana	Ayaba
Berry	Nau'in Tuffa
Cherry	Ceri
Coconut	Kwakwa
Fig	Fig
Grape	Inabi
Guava	Guawa
Kiwi	Kiwi
Lemon	Lemun Tsami
Mango	Mangoro
Melon	Guna
Nectarine	Nectarine
Papaya	Gwanda
Peach	Peach
Pear	Pear
Pineapple	Abarba
Raspberry	Rasberi

Garden
Lambuna

Bench	Benci
Bush	Daji
Fence	Farko
Flower	Fura
Garage	Gareji
Garden	Lambun
Grass	Cigawa
Hammock	Raga
Hose	Tiyo
Orchard	Orchard
Pond	Tafdi
Rake	Rake
Shovel	Shebur
Terrace	Baranda
Trampoline	Trampoline
Tree	Itace
Vine	Zuwa
Weeds	Ciyo

Gardening
Aikin Lambu

Botanical	Botanical
Bouquet	Bouquet
Climate	Yayinda
Compost	Ruba
Container	Kwanta
Dirt	Datta
Edible	Ciyarwa
Exotic	Mafita
Floral	Fure
Foliage	Ganye
Hose	Tiyo
Moisture	Danshi
Orchard	Orchard
Seasonal	Lokaci
Seeds	Tsari
Water	Ruwa

Geography
Geography

Altitude	Tsawo
Atlas	Atlas
City	Gari
Continent	Nahiya
Country	Kasa
Hemisphere	Halifa
Island	Tsibirin
Latitude	Latitude
Longitude	Tsayi
Map	Taswira
Meridian	Merdian
Mountain	Dutse
North	Arewa
Region	Yanki
River	Kogi
Sea	Teku
South	Kudu
Territory	Kasa
West	Yamma
World	Duniya

Geology

Kimiyyar Halittu

Acid	Acid
Calcium	Calcium
Cavern	Kogon Dutse
Continent	Nahiya
Coral	Murjani
Crystals	Kristas
Cycles	Zagaya
Earthquake	Girgizar Kasa
Erosion	Wuta
Lava	Lava
Layer	Zaren
Minerals	Ma'Adanai
Molten	Narkarwa
Quartz	Ma'Adini
Salt	Gishiri
Stalactite	Stalactite
Stalagmites	Stalagmites
Stone	Dutse
Zone	Sashi

Geometry

Geometry

Angle	Kwana
Calculation	Lissafi
Circle	Da'Ira
Curve	Karya
Diameter	Diamita
Dimension	Girma
Equation	Daidaituwa
Height	Tsayi
Logic	Dabaru
Mass	Taro
Number	Lamba
Parallel	Mataki
Proportion	Rabo
Segment	Sashe
Square	Murabba'I
Surface	Sauki
Symmetry	Fasali
Theory	Ka'Ida
Triangle	Alwatika

Global Warming

Duniya Warming

Arctic	Arctic
Climate	Yayinda
Consequences	Sakamako
Crisis	Rikici
Data	Bayanai
Development	Ci Gaba
Energy	Karfi
Environmental	Mahali
Future	Gaba
Gas	Gas
Generations	Arana
Government	Mulki
Industry	Sana'A
International	Na Duniya
Legislation	Doka
Now	Yanzu
Populations	Jama'A
Scientist	Malamai
Temperatures	Matsalolin

Government

Gwamnati

Citizenship	Yan Kasashe
Civil	Na Farar Hula
Constitution	Mulki
Democracy	Dimokuradiyya
Discussion	Tattaunawa
Equality	Daidaita
Independence	Yanci
Judicial	Hukunci
Justice	Adalci
Law	Doka
Leader	Shugaba
Liberty	'Yanci
Monument	Abin Tunawa
Nation	Kasa
Politics	Siyasa
Speech	Magana
State	Jihar
Symbol	Alama

Hair Types

Nau'in Gashi

Bald	Sanko
Black	Baki
Braided	Tuka
Braids	Zare
Curls	Gashi
Curly	Curly
Dry	Bushe
Gray	Grayya
Healthy	Lafiya
Long	Dogo
Shiny	Shine
Short	Gajere
Soft	Laushi
Thick	Kauri
Wavy	Kadi
White	Fari

Health and Wellness #1

Lafiya da Lafiya #1

Active	Aiki
Bacteria	Kwayoyin Cuta
Bones	Kashi
Clinic	Asibiti
Doctor	Likita
Fracture	Karya
Habit	Hali
Height	Tsayi
Hormones	Horona
Hunger	Yunwa
Injury	Runi
Muscles	Tsoro
Nerves	Jijiyoyi
Pharmacy	Kantin Magani
Reflex	Saukarwa
Relaxation	Janada
Skin	Fata
Therapy	Magani
Treatment	Jiyya
Virus	Kwayar Cuta

Health and Wellness #2
Lafiya da Lafiya #2

Allergy	Alerji
Anatomy	Anatomiyya
Appetite	Ci
Blood	Jini
Calorie	Kalori
Dehydration	Bushewa
Diet	Abinci
Disease	Cuta
Energy	Karfi
Genetics	Halittu
Healthy	Lafiya
Hospital	Asibiti
Hygiene	Tsarki
Infection	Cutar
Massage	Tausa
Nutrition	Ciyarwa
Recovery	Fadawa
Stress	Damuwa
Vitamin	Bitamin
Weight	Nuna

Herbalism
Herbalism

Aromatic	Mai Kanshi
Beneficial	Da Amfani
Culinary	Culina
Flavor	Dadi
Flower	Fura
Garden	Lambun
Garlic	Tafarnuwa
Green	Kore
Ingredient	Sunadarai
Lavender	Nau'in Fure
Marjoram	Marjoram
Mint	Na'Ana
Oregano	Oregano
Parsley	Faski
Plant	Shuka
Quality	Kyauta
Rosemary	Fure
Saffron	Saffron
Tarragon	Tarragon
Thyme	Thyme

Hiking
Tafiya

Animals	Dabbobi
Boots	Takalma
Camping	Zango
Climate	Yayinda
Heavy	Nauyi
Map	Taswira
Mountain	Dutse
Nature	Dabi'A
Orientation	Jawabi
Preparation	Shiri
Stones	Duwatsu
Summit	Taron
Sun	Rana
Tired	Gajiya
Water	Ruwa
Wild	Daji

House
Hukunci

Attic	Mai Ɗoyi
Broom	Tsoka
Curtains	Labutu
Door	Kofa
Fence	Farko
Fireplace	Wuta
Floor	Bene
Furniture	Kayan Aiki
Garage	Gareji
Garden	Lambun
Keys	Malamai
Kitchen	Kicin
Lamp	Fitila
Library	Labari
Mirror	Madubi
Roof	Rufe
Room	Zaki
Shower	Shawa
Wall	Bango
Window	Taga

Human Body
Jikin dan Adam

Ankle	Wuta
Blood	Jini
Bones	Kashi
Brain	Kwalliya
Chin	Cin
Ear	Kunne
Elbow	Gindi
Face	Fuska
Finger	Yatsa
Hand	Hannu
Head	Kai
Heart	Zuciya
Jaw	Mukamuki
Knee	Gwiwa
Leg	Kafa
Mouth	Baki
Neck	Wuya
Nose	Hanci
Shoulder	Kafada
Skin	Fata

Immigration
Shige da Fice

Administration	Gudanarwa
Adults	Manya
Aid	Taimako
Approval	Yarda
Children	Yara
Communication	Sadarwa
Documents	Takardu
Housing	Gida
Language	Yare
Law	Doka
Negotiation	Sulhu
Process	Tsari
Protection	Kariya
Situation	Hali
Solution	Mafita
Stress	Damuwa

Insects
Insari

Ant	Ant
Bee	Kudan Zuma
Beetle	Kwaro
Butterfly	Buɗe Ido
Cicada	Cicada
Dragonfly	Jaruwa
Flea	Kwari
Grasshopper	Kwankwaso
Ladybug	Ladybug
Larva	Tsutsa
Locust	Fara
Mantis	Mantis
Mosquito	Sauro
Moth	Asu
Termite	Kwari, Kwaro
Wasp	Zanzaro

Jazz
Jazz

Album	Album
Composer	Mawaki
Composition	Kyauta
Concert	Shagali
Drums	Ganga
Emphasis	Jaddadawa
Famous	Sanannen
Favorites	Mafi So
Improvisation	Hangowa
Music	Kiɗa
New	Sabo
Old	Tsufa
Orchestra	Kaduna
Rhythm	Kari
Song	Waka
Style	Salo
Talent	Baiwa
Technique	Dabara

Job Skills
Kwarewa na Aiki

Adaptable	Arziki
Authentic	Gaskiya
Charismatic	Kyautatawa
Communication	Sadarwa
Cooperative	Hankali
Creative	Fikira
Dedicated	Sadaukarwa
Effective	Tasiri
Experienced	Gogaggen
Friendly	Abokai
Independent	Mai 'Yanci
Leadership	Jagoranci
Management	Gudanarwa
Prepared	Shiri
Respectful	Girmamawa
Responsible	Alhaki

Kitchen
Kitchen

Apron	Gaba
Bowl	Kwano
Cups	Kofuna
Food	Abinci
Freezer	Kyauta
Grill	Gasa
Jar	Gilashi
Jug	Jug
Kettle	Buta
Knives	Wuka
Napkin	Tsumma
Oven	Tana
Recipe	Girki
Refrigerator	Firiji
Sponge	Soso
Spoons	Cokali

Landscapes
Shimfidar Wuri

Beach	Bakin Teku
Cave	Kogo
Cove	Cove
Desert	Hamada
Dunes	Yashi
Estuary	Gaskiya
Glacier	Glacier
Gulf	Gulf
Hill	Tudu
Island	Tsibirin
Lake	Tafkin
Mountain	Dutse
Oasis	Zango
Peninsula	Sashin Teku
River	Kogi
Sea	Teku
Swamp	Fadama
Tundra	Tundra
Valley	Kwari
Waterfall	Ruwan Ruwa

Literature
Littattafai

Analogy	Misalin
Analysis	Bincike
Anecdote	Labari
Author	Marubuci
Biography	Tarbiyya
Comparison	Kwanta
Conclusion	Ƙarshe
Description	Bayani
Dialogue	Maganar
Fiction	Almara
Metaphor	Misali
Opinion	Ra'Ayi
Poem	Waka
Poetic	Waqa
Rhyme	Dacewa
Rhythm	Kari
Style	Salo
Theme	Jam'I
Tragedy	Musiba

Mammals

Dabbobi Masu Shayarwa

Bear Kai
Beaver Beaver
Bull Bull
Cat Mage
Coyote Coyote
Dog Kare
Dolphin Dolphin
Elephant Giwa
Fox Fox
Giraffe Giraffe
Gorilla Gorilla
Horse Doki
Kangaroo Kangaroo
Lion Zaki
Monkey Biri
Rabbit Zomo
Sheep Tumaki
Whale Wale
Wolf Kerkef
Zebra Zebra

Measurements

Ma'Auni

Byte Byte
Centimeter Santimita
Decimal Na Zamani
Degree Digiri
Depth Zurfi
Gram Gram
Height Tsayi
Inch Inci
Kilogram Kilogram
Kilometer Kilomita
Length Tsoro
Liter Lita
Mass Taro
Meter Mita
Minute Minti
Ounce Oza
Ton Sautin
Volume Murya
Weight Nuna
Width Fada

Meditation

Tunani

Acceptance Yarda
Awake Fada
Calm Kwanta
Clarity Kyauta
Compassion Tausayi
Gratitude Godiya
Kindness Alheri
Mental Hankali
Mind Hankali
Movement Motsa
Music Kiɗa
Nature Dabi'A
Peace Zaman Lafiya
Perspective Hankali
Silence Shiru
Thoughts Tunani

Music

Kiɗa

Album Album
Ballad Ballad
Chorus Korus
Classical Na Gargajiya
Eclectic Zababbe
Harmony Jituwa
Improvise Kyauta
Lyrical Waka
Melody Mulki
Microphone Makirufo
Musical Kiɗa
Opera Opera
Poetic Waqa
Recording Rubutu
Rhythm Kari
Rhythmic Launi
Sing Rawa
Singer Mawaki
Tempo Lokaci
Vocal Murya

Musical Instruments

Musical Kida

Banjo Banjo
Bassoon Algaita
Cello Cello
Clarinet Sarewa
Drum Ganga
Flute Faruwa
Gong Gong
Guitar Guitar
Harp Garaya
Mandolin Mandolin
Marimba Marimba
Oboe Oboe
Percussion Tsoro
Piano Fiyano
Saxophone Saxophone
Tambourine Nau'rar Kida
Trombone Tsoron
Trumpet Kakaki
Violin Violin

Mythology

Tatsuniyoyi

Archetype Archetype
Behavior Hali
Beliefs Imani
Creature Halitta
Culture Al'Ada
Disaster Bala'I
Heaven Sama
Immortality Mutuwa
Jealousy Kishi
Labyrinth Labari
Lightning Walkiya
Monster Dodo
Mortal Mutum
Revenge Fasiya
Strength Karfi
Thunder Tsada
Warrior Jarumi

Nature
Yanayi

Animals	Dabbobi
Arctic	Arctic
Beauty	Kyau
Clouds	Girgije
Desert	Hamada
Dynamic	Tsauri
Erosion	Wuta
Fog	Hazo
Foliage	Ganye
Forest	Daji
Glacier	Glacier
River	Kogi
Sanctuary	Hukunci
Serene	Natsuwa
Tropical	Maganar Nan
Vital	Muhimmiya

Numbers
Lambobi

Decimal	Na Zamani
Eight	Takwas
Five	Biyar
Four	Hudu
Fourteen	Goma sha Hudu
Nine	Tara
Nineteen	Goma sha Tara
One	Daya
Seven	Bakwai
Six	Shida
Ten	Goma
Thirteen	Goma sha Uku
Three	Uku
Twelve	Sha Biyu
Twenty	Ashirin
Two	Biyu
Zero	Sifili

Nutrition
Abinci mai Gina Jiki

Appetite	Ci
Balanced	Mataki
Bitter	Daci
Calories	Kalories
Carbohydrates	Carbohydrates
Diet	Abinci
Digestion	Narkewa
Fermentation	Ciyarwa
Flavor	Dadi
Health	Lafiya
Liquids	Ruwa
Nutrient	Ganin Jini
Proteins	Sunaroyin
Quality	Kyauta
Sauce	Miya
Toxin	Toxin
Vitamin	Bitamin
Weight	Nuna

Ocean
Tekun

Algae	Algae
Boat	Kwalliya
Coral	Murjani
Crab	Kaguwa
Dolphin	Dolphin
Eel	Giya
Fish	Kifi
Oyster	Kawa
Reef	Reef
Salt	Gishiri
Shark	Kifin Sharki
Shrimp	Jatan Lande
Sponge	Soso
Storm	Guguwa
Tuna	Kifin Tuna
Turtle	Kunkun
Whale	Wale

Philanthropy
Taimakawa

Children	Yara
Community	Al'Umma
Contacts	Labari
Finance	Kudi
Generosity	Karimci
Global	Duniya
Goals	Buri
Groups	Kuruniya
History	Tarihi
Honesty	Gaskiya
Humanity	Dan Adam
Mission	Manufa
Need	Bukata
People	Mutane
Programs	Shirye-Shirye
Public	Jama'A
Youth	Matasa

Photography
Hotuna

Black	Baki
Camera	Kamara
Color	Launi
Contrast	Kwance
Darkness	Duhu
Definition	Bayani
Format	Tsari
Frame	Firam
Lighting	Haske
Object	Abu
Perspective	Hankali
Portrait	Hoto
Shadows	Inuwa
Subject	Sauki
Texture	Rubutu
Visual	Kyauta

Physics
Physics

Acceleration	Hanzari
Atom	Kwayar Zarra
Chaos	Harguwa
Chemical	Kyautata
Density	Yawa
Electron	Electron
Engine	Injin
Expansion	Fadawa
Experiment	Gwaji
Formula	Dabara
Frequency	Yawaita
Gas	Gaskiya
Magnetism	Maganadisu
Mass	Taro
Mechanics	Makanikai
Molecule	Kwayoyin
Particle	Kashi
Relativity	Dangane
Speed	Sauri
Velocity	Wuri

Plants
Tsire-Tsire

Bamboo	Kwangwala
Bean	Wake
Berry	Nau'in Tuffa
Botany	Ilimin Shuka
Cactus	Katsina
Fertilizer	Taki
Flora	Fure
Flower	Fura
Foliage	Ganye
Forest	Daji
Garden	Lambun
Grass	Cigawa
Grow	Girma
Ivy	Ivy
Moss	Gansakuka
Petal	Fure
Root	Tushe
Stem	Tutu
Tree	Itace
Vegetation	Ciyayi

Professions #1
Sana'o'i #1

Ambassador	Jakadan
Astronomer	Mai Sanarwa
Attorney	Lauya
Banker	Banki
Cartographer	Mai Zane
Coach	Koci
Dancer	Mai Rawa
Doctor	Likita
Editor	Edita
Firefighter	Mai Girma
Hunter	Mafarauci
Jeweler	Kayan Ado
Musician	Mawaki
Nurse	Nas
Pianist	Madubiyo
Psychologist	Ilmin Ilmi
Sailor	Sarki
Scientist	Malamai
Tailor	Tela
Veterinarian	Dan Veterinar

Professions #2
Sana'o'i #2

Astronaut	Bayani
Detective	Gano
Engineer	Injini
Farmer	Manomi
Gardener	Mai Girma
Illustrator	Misali
Inventor	Mai Kirkiro
Journalist	Dan Jarida
Librarian	Librarian
Painter	Mai Zane
Philosopher	Falsafa
Photographer	Hoto
Physician	Likita
Researcher	Mai Bincike
Teacher	Malami
Zoologist	Kishiyar Zuwa

Rainforest
Dajin Rainforest

Birds	Tsuntsaye
Botanical	Botanical
Climate	Yayinda
Clouds	Girgije
Community	Al'Umma
Diversity	Banbancin
Insects	Kwari
Mammals	Malamai
Moss	Gansakuka
Nature	Dabi'A
Preservation	Kiyaye
Refuge	Fuska
Respect	Girmamawa
Restoration	Mayarwa
Survival	Tsira
Valuable	Mai Kyau

Science
Kimiyya

Atom	Kwayar Zarra
Chemical	Kyautata
Climate	Yayinda
Data	Bayanai
Evolution	Juyin Halitta
Experiment	Gwaji
Fact	Gaskiya
Gravity	Nauyi
Hypothesis	Tsammani
Method	Hanya
Minerals	Ma'Adanai
Molecules	Kwayoyin
Nature	Dabi'A
Particles	Bayani
Physics	Jini
Plants	Tsirrai
Scientist	Malamai

Science Fiction

Fiction Kimiyya

Atomic	Atomic
Books	Littafai
Chemicals	Kemikal
Cinema	Sinima
Dystopia	Distopia
Fantastic	Dama
Fire	Wuta
Futuristic	Gabatarwa
Galaxy	Galaxy
Imaginary	Hassada
Mysterious	Sirri
Oracle	Oracle
Planet	Duniyar
Technology	Fasaha
Utopia	Topia
World	Duniya

Scientific Disciplines

Ciye-Ciyen Kimiyya

Anatomy	Anatomiyya
Archaeology	Arki
Astronomy	Ilmin Taurari
Biochemistry	Biochemistry
Biology	Ilmin Halitta
Botany	Ilimin Shuka
Geology	Ilimin Kasa
Immunology	Rigakafi
Kinesiology	Kinesiology
Linguistics	Harshe
Mechanics	Makanikai
Meteorology	Sanarwa
Mineralogy	Ma'Adanai
Neurology	Jini
Nutrition	Ciyarwa
Robotics	Yaro-Ba-} Uya
Zoology	Zuwan Zuwa

Shapes

Siffofi

Arc	Baka
Circle	Da'Ira
Cone	Kone
Corner	Kusiya
Cube	Kumburi
Curve	Karya
Cylinder	Silinda
Edges	Gefuna
Ellipse	Cire
Hyperbola	Hyperbola
Line	Layi
Oval	Siffar Kwai
Polygon	Polygon
Prism	Prism
Pyramid	Dala
Rectangle	Retangle
Side	Gefe
Square	Murabba'I
Triangle	Alwatika

Spices

Kayan Yaji

Anise	Anise
Bitter	Daci
Cardamom	Cardamom
Cinnamon	Kirfa
Clove	Kanamfari
Coriander	Coriander
Cumin	Cumin
Curry	Karya
Fenugreek	Fengreek
Flavor	Dadi
Garlic	Tafarnuwa
Ginger	Citta
Licorice	Licorice
Nutmeg	Nutmeg
Onion	Albasa
Paprika	Paprika
Saffron	Saffron
Salt	Gishiri
Sweet	Mai Dadi
Vanilla	Banila

Sport

Wasanni

Athlete	Dan Wasa
Body	Jiki
Bones	Kashi
Cardiovascular	Zuciya
Coach	Koci
Cycling	Hawan Keke
Dancing	Rawa
Diet	Abinci
Health	Lafiya
Jogging	Gudu
Maximize	Kara
Muscles	Tsoro
Nutrition	Ciyarwa
Program	Shirin
Sports	Wasanni
Strength	Karfi

Technology

Fasaha

Blog	Shafi
Browser	Mai Bincike
Bytes	Bytes
Camera	Kamara
Computer	Kwamfuta
Cursor	Manuniya
Data	Bayanai
Digital	Dijital
File	Fayil
Internet	Internet
Message	Sako
Screen	Allo
Security	Tsaro
Software	Software
Statistics	Kididdiga
Virtual	Kama-Da-Wane
Virus	Kwayar Cuta

The Company
Kamfanin

Business	Kasuwanci
Creative	Fikira
Decision	Hukunci
Employment	Aiki
Global	Duniya
Industry	Sana'A
Innovative	Masu Bidi'A
Investment	Jari
Possibility	Yiwuwa
Presentation	Gabatarwa
Product	Kyauta
Progress	Cigaba
Reputation	Suna
Resources	Asabar
Revenue	Kudi
Risks	Hadura
Units	Sashi

Time
Lokaci

After	Bayan
Annual	Shekara
Before	A Da
Calendar	Kalanda
Century	Karni
Clock	Agogo
Day	Rana
Future	Gaba
Hour	Saa
Minute	Minti
Moment	Lokaci
Month	Wata
Morning	Safe
Night	Dare
Now	Yanzu
Soon	Anjima
Today	Yau
Tomorrow	Gobe
Week	Sati
Yesterday	Jiya

Tools
Kayayyakin Aiki

Axe	Ax
Cable	Waya
Glue	Manne
Hammer	Guduma
Knife	Wuka
Ladder	Tsani
Mallet	Malet
Pliers	Matattara
Razor	Raza
Rope	Igiya
Scissors	Cissors
Screw	Dunkule
Shovel	Shebur
Stapler	Matsakaiciya
Torch	Wuta
Wheel	Wili

Town
Gari

Airport	Jirgin Sama
Bakery	Gidan Burodi
Bank	Banki
Bookstore	Kasin Littafi
Cinema	Sinima
Clinic	Asibiti
Florist	Fuluwa
Gallery	Gallery
Hotel	Otal
Library	Labari
Market	Kasuwa
Pharmacy	Kantin Magani
School	Makaranta
Stadium	Filin Wasa
Store	Shago
Supermarket	Babban Kanti
University	Jami'A
Zoo	Zoo

Universe
Duniya

Asteroid	Asteroid
Astronomer	Mai Sanarwa
Astronomy	Ilmin Taurari
Atmosphere	Yanayi
Celestial	Samayya
Darkness	Duhu
Galaxy	Galaxy
Hemisphere	Halifa
Latitude	Latitude
Longitude	Tsayi
Moon	Wata
Orbit	Orbit
Sky	Sama
Solar	Hasken Rana
Solstice	Solstice
Visible	Bayani
Zodiac	Zodiac

Vacation #2
Hutu #2

Airport	Jirgin Sama
Beach	Bakin Teku
Camping	Zango
Destination	Masoya
Foreign	Wajen
Foreigner	Babe
Hotel	Otal
Island	Tsibirin
Journey	Tafiya
Leisure	Dama
Map	Taswira
Passport	Fasfo
Sea	Teku
Taxi	Taksi
Tent	Tanti
Transportation	Sauki
Visa	Show

Vegetables
Kayan Lambu

Artichoke	Artichoke
Broccoli	Broccoli
Carrot	Karas
Cauliflower	Farin Kabeji
Celery	Celery
Cucumber	Kokwamba
Eggplant	Kwai
Garlic	Tafarnuwa
Ginger	Citta
Mushroom	Naman Kaza
Onion	Albasa
Parsley	Faski
Pea	Kai
Pumpkin	Kabewa
Radish	Radish
Salad	Salak
Shallot	Babu
Spinach	Alayyafo
Tomato	Tumatir
Turnip	Turawa

Vehicles
Ababen Hawa

Airplane	Jirgin Sama
Bicycle	Kekeke
Boat	Kwalliya
Bus	Bas
Caravan	Caravan
Engine	Injin
Ferry	Jirgin Fito
Helicopter	Helikafta
Motor	Mota
Rocket	Roka
Scooter	Scooter
Taxi	Taksi
Tires	Taya
Tractor	Tarakta
Truck	Mota
Van	Van

Water
Ruwa

Canal	Canal
Evaporation	Hawuwa
Flood	Ambaliya
Frost	Sanyi
Humidity	Gumi
Hurricane	Guguwa
Ice	Kankara
Lake	Tafkin
Moisture	Danshi
Monsoon	Monsoon
Ocean	Teku
Rain	Ruwa
River	Kogi
Shower	Shawa
Snow	Dusar Kankara
Steam	Tururi

Weather
Yanayi

Atmosphere	Yanayi
Calm	Kwanta
Climate	Yayinda
Cloud	Gajimare
Drought	Fari
Dry	Bushe
Flood	Ambaliya
Fog	Hazo
Ice	Kankara
Lightning	Walkiya
Monsoon	Monsoon
Polar	Polar
Rainbow	Bakan Gizo
Sky	Sama
Storm	Guguwa
Temperature	Zafin
Thunder	Tsada
Tornado	Tornado
Tropical	Maganar Nan
Wind	Iska

Congratulations

You made it!

We hope you enjoyed this book as much as we enjoyed making it. We do our best to make high quality games.
These puzzles are designed in a clever way for you to learn actively while having fun!

Did you love them?

A Simple Request

Our books exist thanks your reviews. Could you help us by leaving one now?

Here is a short link which will take you to your order review page:

BestBooksActivity.com/Review50

MONSTER CHALLENGE!

Challenge #1

Ready for Your Bonus Game? We use them all the time but they are not so easy to find. Here are **Synonyms**!

Note 5 words you discovered in each of the Puzzles noted below (#21, #36, #76) and try to find 2 synonyms for each word.

*Note 5 Words from **Puzzle 21***

Words	Synonym 1	Synonym 2

*Note 5 Words from **Puzzle 36***

Words	Synonym 1	Synonym 2

*Note 5 Words from **Puzzle 76***

Words	Synonym 1	Synonym 2

Challenge #2

Now that you are warmed-up, note 5 words you discovered in each Puzzle noted below (#9, #17, #25) and try to find 2 antonyms for each word.
How many lines can you do in 20 minutes?

Note 5 Words from ***Puzzle 9***

Words	Antonym 1	Antonym 2

Note 5 Words from ***Puzzle 17***

Words	Antonym 1	Antonym 2

Note 5 Words from ***Puzzle 25***

Words	Antonym 1	Antonym 2

Challenge #3

Wonderful, this monster  challenge is nothing to you!

Ready for the last one? Choose your 10 favorite words discovered in any of the Puzzles and note them below.

1.	6.
2.	7.
3.	8.
4.	9.
5.	10.

Now, using these words and within a maximum of six sentences, your challenge is to compose a text about a person, animal or place that you love!

Tip: You can use the last blank page of this book as a draft!

Your Writing:

NOTEBOOK:

SEE YOU SOON!

Linguas Classics Team

www.ingramcontent.com/pod-product-compliance
Lightning Source LLC
LaVergne TN
LVHW060039210926
848481LV00013B/3909